LENOS POCKET 3

Hans Saner

Dramaturgien der Angst

Lenos Verlag

LENOS POCKET 3

Erste Auflage 1991
Originalausgabe

Satz und Gestaltung: Lenos Verlag, Basel
Umschlag: Anne Hoffmann
Printed in Germany

ISBN 3 85787 603 4

Inhalt

Vorwort

Was haben Texte über die Jugendunruhen der achtziger Jahre, über den wieder auflebenden Rassismus, über „Rambo", die Verfolgung eines angeblich blasphemischen Schriftstellers, die Exkommunikation eines altgedienten Erzbischofs, über die Wiedervereinigung Deutschlands und die Bespitzelung einer ganzen Nation, über die „Bewahrung der Schöpfung", die Suchtkrankheiten, Aids und über so manches andere gemeinsam, dass sie zusammen veröffentlicht werden? Weiter nichts, so mag es scheinen, als dass sie von einigen Sorgen der zweiten Hälfte der achtziger Jahre handeln. Sie beschreiben aber nicht bloss diese Sorgen, sondern versuchen zu zeigen, welche gesellschaftlichen Interaktionen aus ihnen erfolgt sind und welche Sprachspiele diese reguliert haben. Auch in den Interaktionen und Sprachspielen als solchen liegt noch nicht die Gemeinsamkeit, sondern in dem, was ihnen zugrunde liegt: im Schritt von der Sorge zur Angst und deren sofortiger Verdrängung, so dass sich in der Folge die Angst in der Zuflucht zu alten und neuen Mythen, zu politischen und gesellschaftlichen Lügen und Selbsttäuschungen, zu sublimen und brutalen Gewaltakten und Gewaltsequenzen auslebte. Diese Prozesse aus der Sorge in die verdrängte Angst und aus dieser in die Formen der sich verselbständigenden Gewalt nenne ich die Dramaturgien der Angst. In ihnen entgleitet dem Subjekt des Handelns die Führung der Handlungen. Es wird zum Vollstrecker dessen, was es so eigentlich nicht wollte. Darin scheitert sein Handeln, auch wo es zu gelingen scheint.

Auf Gegenrezepte und Handlungsanweisungen wird fast durchweg verzichtet. Aber nicht auf die Erinnerung, dass man auch anders handeln könnte. Aber wie denn? Das bleibt die *Frage,* um derentwillen diese Texte, von denen die Hälfte hier zum ersten Mal gedruckt wird, geschrieben worden sind.

Die Dramaturgie der Angst

Als im Sommer 1980 die Polizei in *Zürich* wieder einmal den untauglichen Versuch unternahm, der Jugendbewegung mit Tränengas, Wasserwerfern, Gummigeschossen, Schlagstöcken und Hundestaffeln Herr zu werden, ging ein doppeltes Entsetzen durch das Land: die einen beschworen, vor so viel nihilistischem Chaotentum der „Stadtindianer", welche Barrikaden errichtet, Brände gelegt, Geschäfte geplündert und die Bahnhofstrasse – horribile dictu: auf Rollschuhen – verwüstet hatten, das kommende Ende des Rechtsstaates, falls nicht noch härter durchgegriffen werde; die anderen erinnerten sich an die unglaublichen Brutalitäten der Polizei während der Globus-Krawalle von 1968 und beklagten, dass Zürich bei der „Prügelpädagogik" seiner ignoranten Politiker geblieben sei, die das gerade *verursache,* was sie bekämpfen möchte. Zu den Kritikern dieser Art gehörten viele Journalisten und Intellektuelle, aber zuweilen auch Politiker, besonders in der Romandie.

So hatte sich *Lausannes* sozialdemokratischer Polizeidirektor, Jean-Daniel Cruchaud, öffentlich von den „Zürcher Polizeimethoden" distanziert. Als Ende September 1980 „Lôzane bouge" sich formierte, liess er wissen, dass er „nie den Befehl zu einem wirklich harten Polizeieinsatz geben" werde. Er war sich seiner Sache so sicher, weil es in der Stadt bereits zwölf Freizeitzentren für Jugendliche gab und weil die Jugendpolitik unter dem

Stadtpräsidenten Jean-Pascal Delamuraz seit Jahren von grossen Konflikten verschont geblieben war. Am 4. Oktober befahl er dennoch einen harten Einsatz gegen die Demonstranten für ein Autonomes Jugendzentrum und zwei Wochen danach einen noch härteren – wie in Zürich gehabt, aber ohne Hundestaffeln – gegen die gleichen Jugendlichen, die nun ein Haus der Eidgenössischen Technischen Hochschule besetzen wollten. Die Romandie war in Zerknirschung desillusioniert – die Zürcher lächelten maliziös.

Die *Berner* nahmen alles etwas langsamer, aber nicht unbedingt gelassener. Im September 1981 wurde die Reithalle auf der Schützenmatte mit dem Segen und dem Geld der Stadt in ein Autonomes Jugendzentrum aus- und umgebaut. Schon im April des folgenden Jahres ersuchte die gleiche Stadtregierung die Polizei um Räumung des Hauses und des Areals. Es kam in der Folge zu schweren Krawallen in der Stadt mit „Schaufenster-Aktionen", später zu gelegentlichen Häuserbesetzungen mit den obligaten Räumungen. Nach der letzten im Juli 1985 schien sich ein idyllischer Frieden anzubahnen. Der Stadtrat vergass und verschlief die Jugendpolitik. In dieser glücklichen Zeit entstand, nahe beim Gaswerk auf städtischem Brachland, vorerst eine Zelt-, dann eine Blockhüttensiedlung: das „Freie Land Zaffaraya". Da erwachte der Stadtrat. Am 17. November 1987, nach einer Reihe von Ultimaten, wurde die Siedlung von der Polizei gestürmt. Es war das übliche Bild: Eine Hundertschaft von Marsmenschen in Kampfmontur, hinter Helmen und Masken vermummt, bewaffnet mit Gasgranaten, Gummischrotflinten und

Schlagstöcken, stellte die Ordnung wieder her; die Siedlung wurde dem Erdboden gleichgemacht.

In *Basel* hegten damals die „Stadtgärtner" noch gewisse Illusionen. Sie hatten sich auf dem Areal der alten Stadtgärtnerei in den beiden vorangegangenen Jahren einen Freiraum erobert und diesen in eine Art Kultur- und Naturpark verwandelt – ohne staatliche Hilfe und Kredite, aber in Duldung auf Zeit. Die Illusionen betrafen keineswegs den Polizeidirektor Karl Schnyder. Man kannte ihn zur Genüge aus den harten Einsätzen gegen die Hausbesetzer und Mieterdemonstranten in den frühen achtziger Jahren. Sie betrafen eine Volksinitiative, die aus der Stadtgärtnerei – obwohl es längst beschlossene Sache war, diese in einen Grünpark zu verwandeln – doch noch einen Natur- und Kulturpark machen sollte. Am 8. Mai 1988 verwarf das Volk die Initiative mit einem Stimmenverhältnis von 56:44, bei einer Stimmbeteiligung von 35 Prozent. Schon vier Tage später lehnte der Grosse Rat jeden Kompromiss mit den „Stadtgärtnern" ab. Am Morgen des 21. Juni um 4.35 Uhr (wo kam doch die Polizei immer so früh?) räumte die Polizei ohne grosse Widerstände das Areal und zerstörte es, sobald als möglich, vollständig. Am Abend und in der Nacht und auch am folgenden Tag kam es zu schweren Ausschreitungen. Brände wurden gelegt, ein Feuerwehrmann schwer verletzt, einzelne Geschäfte geplündert und die Freie Strasse zum Teil verwüstet. Tränengas, Schlagstöcke, da und dort die „Zusammenarbeit" rechtsextremer Schläger mit der Polizei, ein absolutes Demonstrationsverbot – und was sich sonst so gehört. Man fühlte sich wieder an den Sommer 80 von Zürich erinnert.

Wie merkwürdig doch: als ob an verschiedenen Orten zu verschiedenen Zeiten mit unterschiedlichen Besetzungen das gleiche miese Lehrstück aufgeführt worden wäre.

Ob nun eine Stadt sich einer humanistischen, „vorortlichen”, patriarchalen oder machtdezenten Tradition verpflichtet weiss: es kommt aufs selbe.

Ob ein Polizeidirektor politisch rechts oder links steht und jeweils ein Liberaler oder ein Hardliner ist: es kommt aufs selbe.

Ob die Jugendlichen Grönland vom Packeis befreien, ein anarchistisches Paradies herbeizaubern, ein „Wohnexperiment” eingehen oder einen Kulturpark aufbauen wollen: es kommt aufs selbe.

Das selbe ist die Wiederherstellung des ach so gefährdeten Rechtsstaates durch rechtsstaatlich verordnete Prügel, den Rechtsbrechern erteilt. Das Lehrstück heisst: Vom Triumph des Rechtsstaates der Väter über die Träume der Kinder. In allen unterschiedlichen Versionen ist es nach der gleichen Dramaturgie gebaut:

Das komfortable Elend des Erreichten fühlt sich von unkomfortablen Versuchen des Glücks bedroht. Aber es duldet, in Ratlosigkeit und mit schlechtem Gewissen, auf Zeit. In ihr lebt sich das Experiment als Gewohnheit ein und festigt darin seine eigenen sozialen Regeln: ein ungeschriebenes, kleinräumiges Recht. Dadurch wird das Gefühl des Bedrohtseins für viele zur Angst. Sie definieren die andere Ordnung als rechtsfreien Raum, in dem man alles verlieren könne, weil alles erlaubt sei. Nun werden die Rechtsbrüche gesammelt, als Beweisstücke einer polemischen Ideologie: Wir und nur wir *sind* der Rechtsstaat. Die Alternative ist, weil rechtsfrei, auch rechtlos. Somit hat sie ihr Lebens*recht* verwirkt. Nun wäre ein schnelles Ende möglich, wenn sich inzwischen nicht die Gesellschaft zunehmend polarisiert hätte. Ein nicht geringer Teil schlug sich, skeptisch gegen den Rechtspositivismus, dem alternativen Lager als Sympathisanten zu. Unter dem Druck zweier Lager wird nun taktiert – mit Ultimaten, vagen oder unannehmbaren Angeboten, wenn nötig mit Lügen. Die Alternativen, auch von selbstproduzierten Problemen gebeutelt und selber von der Angst des Verlustes gebannt, reduplizieren die Haltung ihrer Gegner: man bleibt *unbedingt* bei dem, was man hat. Die Konfrontation scheint unvermeidlich zu sein. Als erwartete kommt sie zur unerwarteten Zeit: der Angriff als Blitzaktion und die radikale Zerstörung des Experiments als fait accompli. Die gesellschaftliche Polarisierung erreicht ihren Höhepunkt. Zugleich macht sich die Wut eines harten Kerns in reaktiven Gewaltakten Luft. Die Städte werden zu Bühnen bürgerkriegsähnlicher Szenarien – halb ernst, halb gespielt. Die Sympathisanten, aufgeschreckt durch die Gewalt, ziehen sich zurück. Das Nachspiel wird den Gerichten überlassen. Sie liefern den Beweis, dass in der Demokratie der Rechtsstaat immer siegt.

Die Szenenabfolge hat ihre Logik. Aber notwendig ist sie nur in einer Dramaturgie der Angst. Wäre diese nicht spielbestimmend, so wären andere Verläufe möglich. Ich will das an einigen dramatischen Konstellationen der gemachten Erfahrungen zeigen:

Das komfortable Elend des Erreichten liegt in der ganzen Zwiespältigkeit der hochtechnisierten Risikozivilisationen. Die Zentralisierung der Güter- und Energieproduktionen, die Mobilität der Gesellschaft, die Dynamik des technischen Fortschritts, das ökonomische Niveau des Lebensstandards und die bürokratische Rationalisierung der Verwaltung bringen ebenso viele oder mehr Gefahren als Chancen mit sich. Wir *hören* zwar, dass es uns gesamthaft immer besser gehe, aber wir *sehen,* dass uns immer mehr und immer Elementareres genommen wird: die Unversehrtheit der Natur, die Grosszügigkeit des Wohnraums, die politische Kultur und die utopischen Hoffnungen, mit einem Wort: die Lebensqualität. Der Preis der Moderne wird höher als ihr Lohn. Das destabilisiert unser Lebensgefühl, und eben in dieser Unsicherheit gründet unsere Angst.

Nichts ist begreiflicher, als dass junge Menschen, die sich für diese Ordnung der Dinge nun wahrlich nicht verantwortlich fühlen müssen, sagen: „Danke, uns reicht's." Sie haben begriffen, dass wir à la longue alle Bankrotteure sind, falls wir unsere Strategien der Maximierung beibehalten. Also, sagen sie, ist es Zeit, dass wir es anders versuchen.

Die Bewegung von 68 hatte für diesen Versuch die Welt in Linke und Rechte eingeteilt, alle Übel der Rechten angelastet und alle Hoffnung der Linken aufgebürdet. Die gesamte Gesellschaft sollte durch eine Revolution von ihrer Wurzel her verändert werden. Die positive Sozialutopie wurde zur verbalen Heilsstrategie: Ubi Bloch, ibi Jerusalem!

Alle Jugendbewegungen der achtziger Jahre haben mit

diesem Pathos radikal und provokativ gebrochen. In Zürich brachte man 1981 bewusst die Maifeier der braven alten Linken zum Platzen, indem man von der Spitze des Umzugs aus an der Bahnhofstrasse Schaufenster zertrümmerte, Häuserfassaden mit Farbbeuteln bewarf und Transparente zur Schau stellte von der Art: „Schaffe, schaffe, Hüüsli baue und de andre d'Wält versaue." Auf einer Hausfassade in Lausanne konnte man bereits im Frühjahr 1981 lesen: „Wir haben den Mythen der Linken wie der Rechten den Rücken gekehrt, der Politik insgesamt und allen Formen der Vorherrschaft (Lehren, Parteien, Philosophien)." Was wollte man dann noch? Raus aus dem Öko-Stress, raus aus dem Arbeits-Zwang, raus aus der Snob-Kultur, raus aus der Packeis-Mentalität, überhaupt raus aus *dieser* Gesellschaft, die man als ganze weder für reformfähig noch reformwürdig hielt. Raus wohin? In ein Refugium, das doch wieder diese Gesellschaft zur Verfügung stellen sollte: in Abbruchliegenschaften, unbenutzte Fabriken, leere Kasernen, in eine Reithalle, ein Gaswerk, ein Treibhaus – beinahe egal wohin, wenn nur dies *eine* gesichert war: dass die Gesellschaft, aus der man sich verabschiedet hatte, einen in Ruhe liess. Also: keine offiziellen Sozialarbeiter, keine verordneten Lebensregeln, keine Polizei, keine wie auch immer geartete diskriminierende Kontrolle. Man nannte diese Freiräume längere Zeit „Autonome (= selbstverwaltete) Jugendzentren", später in Bern „Freies Land" und „Wohnexperiment" und in Basel „Kultur- und Naturpark".

War dieser Rückzug wirklich eine dramatische Konstellation? Eigentlich eher eine Entdramatisierung eines

Zivilisationskonflikts: die einen wollten dorthin gehen, wo die anderen nicht mehr waren, um dort eine andere Kultur zu leben, auf einem ökonomisch nicht komfortablen Standard. Dieses *„Leben"* und nicht blosses *Propagieren* war das entscheidende Moment der ganzen alternativen Szenerie des Jahrzehnts. Man gab die grosse Sozialutopie wegen ihrer schieren Künftigkeit auf, die alle Anhänger zum blossen Verbalismus verurteilte. Man musste die Zukunft gleichsam fallenlassen (deshalb „No future!"), um Platz für die Gegenwart zu bekommen. Die idealistische und chiliastische Total-Utopie wurde mit existentiellen und experimentellen Teil-Utopien abgetauscht, von denen es beliebig viele geben kann. Diesen Tausch hielt man für notwendig, weil man die mögliche Apokalypse vor sich sah. Also: *anders* leben, „und zwar *subito*".

Warum hat die grosse Gesellschaft zu diesem kleinen Exodus nicht überall gesagt: „Eigentlich habt ihr recht. Also geht und versucht es!"? Warum fühlte man sich bedroht von diesen harmlosen Versuchen des Glücks? War es Angst vor einer Lebensform, die nicht mehr auf Arbeit und Leistung setzte, also Angst vor dem Kulturbruch? Kränkte die Beleidigung, die in der Absage lag? Oder war man einfach nicht bereit, etwas für die zu tun, die nichts tun wollten?

Man war vielerorts bereit (unter anderem auch in Biel, Burgdorf, Winterthur, St. Gallen), aber meist sehr langsam und unter vielen Bedingungen. Eine der Grundängste der *Jugendlichen* war, dass auf dem ordentlichen Verhandlungsweg bloss die Jugend vergeht. Fast überall wählte man deshalb in der ersten Hälfte des Jahrzehnts statt des Gesuchs die fordernde Demonstration, statt der Argumentation die provokative Symbolbehandlung und gleich *vor* der Verhandlung die Besetzung, damit keine Hinhaltetaktik möglich war. Die Permanenz der Provokation ging dem Rückzug in das Refugium voraus – oft geistreich, künstlerisch beachtenswert, showreif, oft bloss gewalttätig – immer aber absolut respektlos und selbstbewusst. Versprayte Hauswände, blockierte Tramlinien, Nacktdemonstrationen, Umfunktionieren von Veranstaltungen, Unterlaufen der Medienpolitik, offener Handel mit weichen Drogen, zertrümmerte Schaufenster: dieses ständige „Epatez le bourgeois!", es verärgerte nicht bloss, sondern verängstigte auch durch die Nichtanerkennung der Legalitätsgrenzen. „Legal illegal scheissegal", war auf dem Bieler AJZ zu lesen. All das weckte und nährte den Verdacht, dass mit Autonomie die vollständige Anarchie gemeint sein könnte, ja der Nihilismus schlechthin, und darauf liess sich eine Dramaturgie der Angst aufbauen.

Auch jetzt hätte sich indes eine weitere Eskalation leicht verhindern lassen. Die schockierten Bürger hätten sich fragen können, warum *sie* eigentlich froh sind, in den eigenen vier Wänden und unter dem eigenen Dach zu wohnen. Was versprechen *sie sich* von dem, was sie den Jugendlichen versagen: *Herr* im eigenen Haus zu sein? Schlicht und einfach ein autonomes Zentrum: einen Wohn- das heisst Lebensraum, in dem sie von der Fülle der Aussennormen entlastet sind und weitgehend nach eigenen Regeln leben dürfen. Jedermann braucht ein Refugium dieser Art, weil niemand das Auge der Öffentlichkeit dauernd aushält und niemand dem fühlbaren Normendruck immer ausgesetzt sein kann. Jeder Rechtsstaat gewährt und wahrt diesen Schutzraum. Das unbehelligte Wohnen ist ein Menschenrecht. Man hätte zum Anspruch auf Selbstverwaltung also auch sagen können: „Versteht sich von selbst; wir beanspruchen das auch."

Aber diese furchtlose Ehrlichkeit brachten nur wenige auf – wie etwa der Stadtrat von Biel. Fast überall wurde, aus Ideologie und Angst, gezielt, aber unbegründet, diffamiert. Schon bei den ersten Basler Unruhen im Juni 1980 orakelte der Polizei-Kommandant Markus Mohler: „Da der Aufbau und die Durchführung der Demonstrationen in Bremen, Berlin, Paris (es gab dort gar keine!), Zürich und Basel sich unheimlich ähneln, müssen wir annehmen, dass da eine Zentrale besteht" („Basler Zeitung", 25.6.1980). Aus Lausanne berichtete die „Neue Zürcher Zeitung", dass die dortigen aufsässigen Jugendlichen „einer gehirnlosen, aus subjektiven Gefühlen reagierenden Masse" glichen („Neue Zürcher Zeitung", 27.10.1980). Der Burgdorfer FDP-Stadtrat Pierre Manz behauptete, das Jugendhaus, das es noch gar nicht gab, werde „linke Agitatoren, die nur von der Demokratie nehmen und diese zerstören, aber nichts geben", anziehen, die man dann nicht wieder loswerden könne („Der Bund", 23.3.1983). Selbst über die so friedlichen „Stadtgärtner", die sich kaum eine Provokation zuschulden kommen liessen, übergab das Basler Polizeikommando im Januar 1988 der Presse ein skandalöses offizielles Communiqué: „In Tat und Wahrheit stellt dieser 'kulturelle Freiraum' die logistische und agitatorische Basis für gesellschafts- und demokratiefeindliche Elemente dar, die dazu noch zum grössten Teil aus dem Ausland stammen. Es scheint notwendig, dass die zuständigen Instanzen Entscheide treffen, welche die Quartierbevölkerung von Belästigungen dieses 'kulturellen Freiraums' befreien und militanten extrempolitischen Kreisen die Aktionsbasis entziehen" („Basler Zeitung", 25.2.1988). Was ist das für ein Staat, in dem die Polizei die Regierung öffentlich belehrt! Oder durch Öffentlichkeit nötigt? Politisch verantwortlich für die vollständig erfundene Verschwörerthese war beide Male der frühere SP- und spätere DSP-Regierungsrat Karl Schnyder: die Trophäe des Bürgertums aus der Basler Linken.

Zu den Strategien der Diffamierung (aber mitveranlasst durch die Provokation der frühen Jahre) gehörte die Behauptung gewisser Kreise, dass all diese Jugendzentren rechtsfreie Räume seien oder sein möchten. Es mag eine Sehnsucht danach gegeben haben. Beansprucht wurde indes immer nur das menschlichere Recht der Selbstverwaltung eines Refugiums. Der Gedanke, dass der Arm des öffentlichen Rechts nicht in jeden Winkel des Landes reichen könnte, brachte unsere Rechtspositivisten, von der Ministerin bis zum Winkeladvokaten, zum Erschauern. Eine vollständig undemokratische Lehre vom Rechtsstaat wurde ad hoc geschaffen und propagiert. Nach ihr war der Rechtsstaat die Faktizität der schrankenlosen Herrschaft des Staates im Rahmen seiner jeweils bestehenden Gesetze. Er blieb gewahrt, wenn jeder einzelne und jede Gruppe sich an die Gesetze hielten. Die einzelne Gesetzesübertretung wurde als Verletzung des Rechtsstaates uminterpretiert, als ob ein Privater den Rechtsstaat überhaupt verletzen könnte.

Mit der Idee der Rechtsstaatlichkeit aber begrenzt der Staat in Wahrheit sich selber. Der Rechtsstaat ist jener Staat, der in all seinem Tun die Menschenrechte wahrt. So wie die Menschenrechte Rechte des Bürgers *gegen* den Staat im Staat sind, so ist der Rechtsstaat die Idee eines Staates *gegen* die qualitätslose Ordnung und *gegen* die Regel, sofern diese die legitime Freiheit und das menschenrechtliche Wohlbefinden einschränkt. So jedenfalls kann man es beim bedeutendsten Rechtsphilosophen des Jahrhunderts, bei Gustav Radbruch, nachlesen: „Rechtsstaat ist für uns nicht nur ein politischer, sondern ein kultureller Begriff. Er bedeutet die Wahrung der Freiheit gegen die Ordnung, des Lebens gegen den Verstand, des Zufalls gegen die Regel, der Fülle gegen das Schema, kurz dessen, was Zweck und Wert ist, gegen das, was nur zweckmässig und nur insoweit wertvoll ist" („Einführung in die Rechtswissenschaft", Leipzig 7. Aufl. 1929, p. 212). Das müsste doch wohl bedeuten: Der Rechtsstaat wird *verletzt*, wenn der *Staat* die Ordnung gegen die Lebensqualität durchsetzt, aber niemals, wenn er der besseren Qualität eine Chance gibt. Man kann aus Angst den Rechtsstaat zutode schützen, und das geschieht genau dann, wenn er in einen Justizstaat verwandelt wird.

Der Weg vom Rechtsstaat in den Justizstaat führt über die Polizeidemokratie. Der Polizei fiel nun die Aufgabe zu, die Rechtsbrüche in den rechtsfreien Räumen nachzuweisen. Die Zürcher waren die fleissigsten. Allein in der ersten Hälfte April 1981 wurden um das AJZ herum über 710 Personen – an die 50 pro Tag! – angehalten, von denen nur 184 sofort nach der Vernehmung wieder freigelassen wurden. Innerhalb eines Jahres wurden über 3500 Demonstranten überprüft und davon mehr als 1000 der Justiz überführt. Der Polizeivorstand Hans Frick legitimierte diesen Eifer damit, dass es die Aufgabe der Polizei sei, „so viele Straftatbestände wie immer möglich zu erfassen, ganz allgemein, nicht nur in bezug auf die Jugendbewegung" („Tages-Anzeiger", 9.9.1981). Man hörte allerdings nie etwas davon, dass er auch das Baur au Lac oder das Bellevue observieren liess, wo es ja sicher auch Straftatbestände zu erfassen gibt. Es gingen ihm übrigens keine grossen Fische ins Netz. Aber ein enges Netz kann auch von kleinen voll werden. In Bern wurde die Reithalle geschlossen, weil im Tierpark Dählhölzli ein Kranich geraubt und danach gebraten worden war und weil jemand in der Nähe des AJZ einen Ticketautomaten geknackt hatte. Das waren die Beweisstücke für den Stadtrat, dass „regelmässig strafbare Handlungen" vorgekommen seien. Wenn der Nachweis ganz missglückte, wie in Zaffaraya, wurde die Siedlung als solche kriminalisiert, weil sie die Rechtsgleichheit verletze. Wie sollte die Polizei mit gutem Gewissen Parksünder büssen, wenn sie illegale Dauerparker duldete, die freilich nur sich selber parkierten? Vielleicht hat die Berner Polizei auch gedacht, eine Blockhütte sei nichts weiter als ein Auto ohne Räder, so wie die Basler Polizei dachte, ein kultureller Freiraum sei nichts anderes als ein internationales logistisches Zentrum der Demokratiefeindlichkeit.

Die Zentren hatten zum Teil wirklich schwerwiegende Probleme. Sie wurden, besonders in Zürich und Bern, überflutet von Obdachlosen, Entlaufenen, Armen, von Hängern und Profiteuren, von Alkohol- und Drogensüchtigen und Kleinkriminellen. Etwa der „Gaskessel", ein Disco-Jugendzentrum in Bern, schloss im November 1983 freiwillig die Tore, weil man dem Andrang nicht mehr gewachsen war und mit der Schliessung die Stadt zwingen wollte, endlich etwas für die sozialen Randgruppen zu tun. Es gab insofern für die Polizei in den Zentren durchaus etwas zu holen, wenn man kriminalisieren *wollte*. Bloss: die Zentren hatten diese sozialen Probleme nicht geschaffen, sondern von den Städten geerbt. Im Grunde leisteten sie Sozialarbeit, oft bis zur Preisgabe ihrer eigenen Ideen. Die Stadtregierungen hätten ihnen eigentlich dankbar sein müssen, nicht allein dafür, *dass* sie es taten, sondern auch, *wie* sie es taten. Die alternativen Zentren waren vielleicht die einzigen Refugien, in denen sich die sozialen Randgruppen wohlfühlten, weil niemand sie belehren oder erziehen wollte, aber doch viele zu Gesprächen und Hilfe bereit waren.

Warum anerkannten die Städte diese Leistung im allgemeinen nicht? Warum nahmen sie diese nicht zum Anlass der Aussöhnung? Die Angst vor der Freiheit war grösser als die vor dem sozialen Elend. Und so stellte man abermals Fakten auf den Kopf. Man würde, so liess Karl Schnyder im Mai 1981 verlauten, allen Randgruppen „den allerschlechtesten Dienst erweisen", wenn man sie denen überliesse, „die nur auf Konfrontation und Zerstörung ausgehen". Man musste die Zentren schliessen oder verhindern, auch um die Verwahrlosten vor den autonomen Chaoten, diesen nicht krankhaft, sondern böswillig Asozialen, zu schützen.

Die Verärgerung über die Provokationen und demonstrativen Gewaltakte, die Angst vor dem rechtsfreien Raum, der zum Drogenparadies, zum Sammelplatz obskurer Elemente oder zum Logistikzentrum einer neuen Internationale werden könnte, schliesslich die Last der polizeilichen Beweise für so viel Unordnung und Kriminalität führten in allen Städten Gruppen von *Übersozialisierten* zusammen. Übersozialisiert nenne ich jene Bürgerinnen und Bürger, deren Identifikation mit der bestehenden Ordnung so weit geht, dass sie soziale Alternativen überhaupt nicht mehr oder nur in ganz engem Rahmen ertragen, sei dies aus Angst vor jeder Veränderung oder aus ideologischer Sturheit. Übersozialisierung ist die Gegenkrankheit zur Asozialität, nur die weit gefährlichere, weil sie auf Vereinigung beruht und somit Macht hat. Dieser Macht sich durchaus bewusst, heizten die Gruppen das Klima der Konfrontation an und nötigten, in der Berufung auf die Zentralwerte der Demokratie, die Regierungen und die Polizei zum entschiedeneren Handeln.

So wurde in Zürich 1980 auf den Vorabend des Bettages zu einer „Eidgenössischen Landsgemeinde für Recht und Ordnung" aufgerufen, an der ein „würdiges Bekenntnis" zu den „rechtsstaatlichen Grundsätzen" („Züri-Leu", 12.9.1980) abgelegt werden sollte. Fast zur gleichen Zeit rief in Basel ein anonymes Komitee zur Bildung einer Selbsthilfe-Bürgerwehr gegen die Jugendlichen auf. In Lausanne bildete sich im November 1980 ein anonymes „Komitee zur Wahrung der Ordnung", das Unterschriften für eine „Erklärung gegen die Ausschreitungen der Jugendlichen" sammelte. All diese Initiativen wurden jenseits der rechten Mitte lanciert, aber sickerten langsam in diese ein.

Man roch nun förmlich die nahende Konfrontation. Es bildeten sich Gegenkomitees, die Aufrufe erliessen wie „Unsere Jugend – unsere Zukunft" („Tages-Anzeiger", 18.9.1980); die „Besorgten Eltern" formierten sich in verschiedenen Städten; eine Stiftung „Bewegung Schweiz" wurde 1982 in Bern gegründet, und endlos viele Eingaben wurden im Frühjahr 1988 an die Basler Regierung gerichtet. Dieser ganze Polarisierungsprozess lief vorerst quer durch die Parteien, bei ungewissen und schwankenden Mehrheitsverhältnissen. Im Oktober 1987 sprachen sich 61 Prozent der Berner Bevölkerung für die Duldung von Zaffaraya aus; 1981 sympathisierten 57 Prozent der jugendlichen Schweizerinnen und Schweizer mit „Lôzane bouge", und im Mai 1988 war die Minderheit für die Stadtgärtnerei weit grösser als erwartet. Noch wäre die Aussöhnung möglich gewesen – zum letzten Mal. Man hätte sich auf eine überwiegende Meinung oder auf eine starke Minderheit quer durch die Parteien berufen können. Sobald jedoch der Polarisierungsprozess auch die politischen Institutionen und Parteien ergriff, hatten die Jugendlichen verloren. Die Polarisierung einte die Rechte, aber trennte die Linke. Die linke Linke nahm sich nun der Sache der Jugendlichen an und gegen sie *musste* die Rechte siegen – coûte que coûte. Mit den Jugendlichen hat das nichts mehr zu tun. Sie teilen die parteiliche Polarisierung nicht. Sie sind die Opfer einer Politik der verängstigten „Starken", die sie nicht interessiert, obwohl betrifft. Sie wissen, dass sie die Opfer sind. Und deshalb schlagen sie alle taktischen Kompromisse aus, falls noch welche angeboten werden. Sie geben sich trotzig als furchtlose Schwache. Die Kompromissfähigkeit ist allseitig erschöpft. Es bleibt nur noch die Gewalt.

Sie schafft mehr Probleme als sie löst, weil sie alle Polarisierungen steigert und neue Spaltungen bringt:

Die Gewalt selber trennt sich in eine legitime und illegitime und führt zu den Szenarien des Bürgerkrieges.

Innerhalb dieser verliert auch ein Teil der legitimen Gewalt ihre Fassung. Sie wird illegitim im Schutz ihrer Legitimation und entzweit die Gesellschaft.

Wenn ihr Einsatz von links befohlen wird, wie 1980 in Lausanne und 1981 in Basel, wird sie die Linke in sich selber polarisieren und kann sie, wie in Basel, zerreissen in eine neue bürgerliche Partei (DSP) und eine linkere Linke.

Der Widerstand gegen die Staatsgewalt trennt sich in einen gewaltlosen und gewalttätigen, zerreisst dadurch die Jugendbewegung und trennt einen grossen Teil der Sympathisanten von ihr ab.

In diesen Zerrissenheiten bricht allseitig der Hass auf: in der Polizei gegen die „Chaoten" und umgekehrt; in der rechten Linken gegen die linke Linke und umgekehrt; bei den Bürgerlichen gegen die Linke und umgekehrt; bei den Chaoten gegen die Gemässigten und umgekehrt. Das politische Klima vergiftet sich von der Basis bis in die Parlamente und die Regierungen. Man „zeigt Flagge" und schmutzige Wäsche der letzten Saison und fühlt sich in beidem als besonderer Demokrat. Mit einem Wort: die politische Kultur ist hin. Es haben alle verloren.

Von den Polarisierungen wurden auch die Gerichte erfasst. Am meisten zu reden gab Lausanne, weil sich die Jugendlichen so provokativ-respektlos, die Verteidiger so hartnäckig-formalistisch und die ehrwürdigen Richter so skandalös-parteiisch benahmen.

Einen Teil der Fälle „erledigte" das Polizeigericht gleich selber. Es erteilte munter Bussen wegen Teilnahme an unbewilligten Demonstrationen, ohne Beweise vorlegen zu können, wenn die Angeklagten bestritten, an den Demonstrationen überhaupt teilgenommen zu haben. Das trug – nach Billigung dieser Verfahren durch die kantonalen Gerichte und das Bundesgericht – der Schweiz 1986 in Strassburg eine demütigende einstimmige Verurteilung wegen Verletzung der Europäischen Menschenrechtskonvention ein.

Von den etwa 300 festgenommenen Demonstranten wurden elf vor dem Strafgericht angeklagt. Der Untersuchungsrichter sammelte vor allem die Aussagen der Polizei, die sich öfters auf abgehörte Telefonate berief. Der Richter Claude Frossard wiederum befand, dass die Aktenlage völlig klar sei, und wies die meisten persönlichen Entlastungszeugen ab. Alle Angeklagten wurden im Oktober 1982 verurteilt, von zehn Tagen bis zu fünf Monaten Gefängnis bedingt mit einer Bewährungsfrist von zwei bis fünf Jahren. Die Urteile wurden als skandalös empfunden, weil während der Verhandlungen kaum Beweise vorgelegt werden konnten.

Alle privaten Klagen gegen die Polizei wurden zu den Akten gelegt, obwohl es hier Beweismaterial in Filmen gab.

Ein Antrag im Nationalrat, die Demonstranten zu amnestieren und so ein Klima der Versöhnung zu schaffen, wurde im Dezember 1982 vom Bürgerblock niedergestimmt. Der „Rechtsstaat" darf nicht verzeihen. Er muss siegen. Erst dann ist das Lehrstück zu Ende.

Nachdenken über Schweizerhalle

Nach der Katastrophe von Schweizerhalle bekam man oft zu hören, das Risiko, mit dem Basel leben müsse, sei eben der Preis, den der Kanton für seinen Wohlstand zu bezahlen habe. Eine derartige Aussage verschleiert mehr, als sie erklärt. Ein Preis nämlich ist kalkulierbar, wie schwierig die Kalkulation auch sein mag. Er gibt exakt an, was und wieviel eine Ware oder eine Dienstleistung kostet. Ein Risiko ist bloss abschätzbar. Es zeigt eine Gefahr, die *vielleicht* eintrifft. Durch die Entrichtung eines Preises kauft man etwas; ein Risiko nimmt man in Kauf für etwas. Einen Preis muss man bezahlen, ein Risiko verantworten. Der Preis kennt keine Ausnahme, das Risiko keine strikte Regel. Wer ein Risiko zu einem Preis machen will, verhält sich wie der Buchhändler, der seinem Kunden sagt: „Mein Herr, dieses Buch kostet neunundvierzig Franken achtzig – aber vielleicht auch Ihren Kopf, wenn Sie Pech haben; warten wir's ab." Auf der *realen* Ebene also ist die Gleichsetzung von Risiko und Preis ein falscher Umgang mit Wörtern. *Metaphorisch* aber können wir die Aussage dennoch verstehen. Die Überzeugung, die ihr zugrunde liegt, ist indes äusserst bedenklich. Man könnte sie etwa so umschreiben: Die Arbeitskraft, die soundso viele Personen der chemischen Industrie zur Verfügung stellen, ist kein hinreichender Gegenwert für die Geldmenge, welche diese Industrie gesamthaft in die Region ausfliessen lässt. Zusätzlich zur

Arbeit einzelner müssen deshalb noch gesamtgesellschaftliche Leistungen erbracht werden. Zwei davon sind Leistungen der Akzeptanz: Die ganze Gesellschaft muss erstens akzeptieren, dass ihre Umwelt durch die Chemie permanent in einem gewissen Ausmass geschädigt wird, und sie muss zweitens das Risiko akzeptieren, dass durch plötzliche „Ereignisse" die Umwelt und die Gesundheit der Menschen zusätzlich gravierend geschädigt werden können. Diese Schaden- und Risiko-Akzeptanz sind Zusatzleistungen, welche jeder einzelne der Gesellschaft zu erbringen hat, egal, ob er nun ihr Vollmitglied ist oder nicht, und egal, ob er persönlich dafür von der Chemie einen Gegenwert erhält oder nicht. Natürlich heisst das in letzter Konsequenz, dass Private von der Gesellschaft die Bereitwilligkeit verlangen, unter Umständen für die Interessen der Chemie zu sterben. Dass man dieses Ansinnen in metaphorischer Verbrämung als Aufpreis für die Segnungen der Chemie hinstellt, ist ein Legitimationsversuch von privater Gewalt, vor der uns der Staat eigentlich schützen müsste.

Bevor ich eine These zur Unannehmbarkeit dieses Ansinnens formuliere, möchte ich auf einige Schwierigkeiten hinweisen, die wir beim Nachdenken über Risiken haben.

Was verstehen wir unter einem Risiko? Ein Risiko ist erstens, im Unterschied zu einem *Faktum,* das immer eine *Wirklichkeit* ist, bloss eine *Möglichkeit,* die allerdings in der Zukunft zu einer Wirklichkeit werden *kann;* es ist zweitens, im Unterschied zur völligen *Ungewissheit,* eine Möglichkeit, der man ein gewisses Mass an *Wahrschein-*

lichkeit zuordnen kann, und es ist drittens, im Unterschied zur *Chance,* eine immer *negativ* bewertete Möglichkeit, eine Möglichkeit also, die man vermeiden möchte, weil sie zu Schädigungen führt. Das Risiko ist *der ungünstige Fall,* der mit einer gewissen Wahrscheinlichkeit eintreten kann.

Aussagen über Risiken sind somit *zeitliche* und nicht bloss formale oder strukturale Aussagen. Als zeitliche sind sie *futuristische,* als futuristische *potentiale* oder *probabilistische* Aussagen. Es ist ungeklärt, welcher Logik sie folgen sollen. Von Weizsäcker hat in anderem Zusammenhang darauf hingewiesen, dass sich für zeitliche Aussagen – er meinte damit die Aussagen der Physik – die Logik des ausgeschlossenen Dritten eventuell nicht eignet. Aber welche Logik dann?

Ein Risiko wird zwar gelegentlich um seiner selbst willen eingegangen. Es kann dann, etwa im Risiko-Sport, eigens zum Ziel und deshalb geplant werden. Aber das ist doch eher die Ausnahme. Im allgemeinen wird es als solches nicht geplant, sondern seiner Möglichkeit wird bestenfalls Rechnung getragen. Es ist der ungünstige Fall, der eintreten kann, indem man a) etwas *anderes* plant und b) versucht, dieses Geplante zu *verwirklichen.* Im Stadium der Verwirklichung von etwas anderem wird ein Risiko zu einem Risiko. Es liegt dann nicht bloss in unseren Gedankenexperimenten als Zeichen-Ensemble, sondern: es ist in unserem Handeln und Unterlassen anwesend als die dieses Handeln *durchkreuzende* Bedrohung. Risiken vermehren sich deshalb mit der Zunahme unserer Aktivität. In der Aktivität fürchten wir sie einerseits als

Drohbilder, vergessen sie aber andererseits, weil wir je auf die Erreichung von etwas anderem ausgerichtet sind.

Die Ursachen von Risiken sind mannigfaltig: der falsche Plan, die Fehler der Umsetzung, das Defizit an vorausgreifender Information, die nichtkalkulierten Nebenwirkungen, die nicht voraussehbaren zufälligen Einwirkungen oder gezielte Störungen durch Dritte: sie alle können einzeln oder im Verbund ein Misslingen erwirken, das wiederum mannigfach schädigt – vielleicht nur den Handelnden selber, vielleicht auch Dritte. Wer alle Ursachen und alle Wirkungsmöglichkeiten kennte, wer zugleich den Grad der Wahrscheinlichkeit verlässlich einschätzen könnte, der hätte eine vollständige *Risikoanalyse* zur Hand, die eine erfolgreiche *Risikobekämpfung* garantieren müsste. Es gehört indes zum Begriff des Risikos, dass es eine derartige Vollständigkeit an Information nicht geben *kann.* Insofern weiss man zum voraus, dass man über Risiken nie genug weiss und dass deshalb auch die Risikobekämpfung mangelhaft sein wird. Das wiederum bedeutet, dass in jedem Menschen, der ein Risiko eingeht, ein Stück von einem Hasardeur steckt. Das wird bei wachsender Grösse der Risiken zu einem zunehmenden Problem.

Die *Grösse* eines Risikos nun ist das Produkt aus dem Grad der Wahrscheinlichkeit und dem Ausmass der möglichen Schädigung. Das Ausmass der Schädigung wiederum ist das Produkt aus der Anzahl von Menschen, die von ihr betroffen sind, und der Werthaltigkeit der in Mitleidenschaft gezogenen Güter. Grosse Wahrscheinlichkeit darf es deshalb nur im Umkreis von Banalschädigungen geben; im Umkreis von sehr grossen Schädigungen muss die Wahrscheinlichkeit bei Null liegen. Sie *ist* Null allein im Verwirklichungsverzicht.

Die grössten Risiken liegen im Bereich der komplexen Hochleistungs-Technologien. Es sind nicht allein Risiken, *dass* etwas passieren könnte, sondern auch Ungewissheiten, *wie* dies passiert, *falls* es passiert. Und diese Ungewissheiten können in keiner Weise behoben werden. Grossrisiken nämlich lassen die Methode von Versuch und Irrtum nicht zu. Sie kennen kein externes Experiment, an dem man sozusagen üben und lernen könnte, und insofern auch kein Experiment, das die Gesellschaft verschont, indem es bloss simuliert. Die Umsetzung des jeweiligen Plans *ist* zugleich das einzig mögliche Experiment. In Grossrisiken ist die Gesellschaft deshalb je schon das Feld, *in* dem und *mit* dem experimentiert wird. Diese vollständig neue Lage ist mit einem Linienflugzeug vergleichbar, dessen Probeflüge nur bei voller Belegung durchgeführt werden können. Grossrisiken also sind so beschaffen, dass ihre Potentialität auch nicht ein einziges Mal in Aktualität umschlagen darf – und das heisst nichts anderes, als dass man auf sie verzichten muss. Die Risikobekämpfungs-Strategien sind dazu nicht hinreichende Alternativen.

Nach Strategien der Risikoverkleinerung suchen sowohl die Industrie als auch der Staat. Aber sie sind dabei von unterschiedlichen Interessen geleitet:

Die Risiken der Chemie in der Gesellschaft sind die Risiken eines Betriebs in einer besiedelten Umwelt. Sie haben ein ungefähres ökonomisches Äquivalent und sind mit diesem durch ein allgemeines Tauschmittel verbunden: das Geld. Man geht zu hohe Risiken nicht gern ein, weil ein „Ereignis" Geld kosten könnte, und zwar viel in dicht besiedelten Agglomerationen. Andrerseits hat auch der Abbau der Risiken einen Preis. Wenn dieser höher ist als der Preis der immer schon versicherten „Ereignisse", geht man das Risiko, falls nicht staatliche Weisungen vorliegen, im allgemeinen ein. Man nennt dies „Eigenverantwortung". Läuft dabei etwas schief, so „begleicht" man: Menschenleben mit Renten und tote Flüsse mit „Entschädigungen". Das industrielle Risiko-Management ist somit rein *probabilistisch* und *ökonomisch* gedacht. Die Industrie *verantwortet* ihre Risiken nicht, sondern *verrechnet* sie. In dieser Verrechnung sind alle Güter konvertibel mit Kapital. Und da sie, die Industrie, im ungünstigen Fall das Kapital ausschütten muss, betrachtet sie Risiko-Havarien grundsätzlich als innerbetriebliche Havarien und dort als ökonomische Katastrophen. Dass *Dritte* geschädigt werden, interessiert nur insofern, als man den Schaden vergüten muss. Das ist eine saubere amoralische Haltung.

Ebendiese Sicht kann und darf der Staat sich nicht zu eigen machen. Weder darf er selber, etwa dort, wo er produziert, in gewagten Risiken das Leben einzelner Bürgerinnen und Bürger ökonomisch verrechnen, noch kann er es zulassen, dass Risiken in beliebiger Höhe durch Dritte verrechnet werden. Angesichts von Grossrisiken muss er *moralisch* und *potentialistisch* denken, etwa so:

Wenn in einer dichtbesiedelten Agglomeration zum Beispiel Phosgen in grösseren Mengen gelagert wird, dann besteht prinzipiell die *Möglichkeit*, dass dieses durch einen nicht vorhersehbaren Unfall sich verflüchtigt und Tausende von Menschen schwerstens schädigt. Als Staat bin primär ich – und nicht die Industrie – verpflichtet, dies zu verhindern. Denn ich bin das Versprechen eingegangen, die Bürgerinnen und Bürger zu schützen. Deshalb muss ich gesetzlich verhindern, dass Phosgen in grösseren Mengen dort gelagert wird. Und daran ändert die noch so kleine Wahrscheinlichkeit eines Unglücks nichts. Denn dieses Unglück ist *absolut* vermeidbar, und es *soll* vermieden werden. Also kann es mir nicht erlaubt sein, der Industrie zu erlauben, dass sie es nur der Wahrscheinlichkeit nach vermeidet. Falls das vermeidbare Unglück geschieht, müsste es als ein Akt der privaten Gewalt angesehen werden, dem ich als Staat durch Unterlassung zugestimmt hätte. Damit aber verlöre ich eine meiner Zweckdimensionen: die Gesellschaft von der privaten Gewalt zu befreien.

Ausgehend von diesen Überlegungen ist meine These: Wenn der Staat diesen Schutz nicht gewährt – er entweder keine Gesetze erlässt oder deren Einhaltung nicht einfordert –, macht er sich zum Komplizen der privaten Gewalt. Er kündigt damit dem Bürger seine Pflicht auf, der nun seinerseits nicht mehr zur Gefolgschaft verpflichtet werden kann. Die Verweigerung der Risiko-Akzeptanz ist dann eine legitime Form des bürgerlichen Widerstandes. Da er der schwersten zugemuteten Gewalt begegnet, kann er in seinem Instrumentarium moralisch nicht auf die kleinste Menge von Gewalt verpflichtet werden, sondern nur auf eine angemessene; denn er soll sein Ziel, die Befreiung von der angedrohten Gewalt, im Interesse der ganzen Gesellschaft erreichen.

Helvetosklerose

Jede Nation hat ihre eigenen Tabus. Sie schirmen meist eine nationale Lüge ab, die für die Patrioten zu einer unentbehrlichen Lebenslüge geworden ist. Lebenslügen haben das Angenehme an sich, dass man mit ihnen leben kann und will, weil sie die Kränkung durch Wahrheit ersparen – und sie haben das Unangenehme aller Lügen an sich, dass man dennoch weiss, dass es so nicht war. Deshalb ist der Einbruch der Wahrheit und damit die Kränkung immer sehr nahe. Um sie zu vermeiden, erfindet man nationale Versionen der Geschichte oder lernt zu verschweigen.

Belege dafür sieht man anderswo sehr leicht. In der BRD etwa weiss man schon nicht mehr, was es im Mai 1990 zu feiern gibt: ob die Niederlage, die Befreiung, die Versöhnung oder eventuell einen noch näher zu bestimmenden Sieg. In der „Siegermacht" Frankreich wagt kaum jemand zu sagen, dass das Land den Krieg vorerst verloren und dann offiziell munter kollaboriert hat. In England schweigt man über die Kriegsverbrechen Churchills (die oft sinnlosen Bombardierungen). In Israel ist die Zusammenarbeit der Judenräte mit den Nazis tabu. Amerika hat bekanntlich in Vietnam einen sehr ehrenhaften Krieg geführt. Und in Osteuropa hat man den real existierenden Sozialismus verwirklicht und lebt, trotz Ungarn, der Tschechoslowakei und Polen, in brüderlicher Solidarität. Man muss nicht Zyniker sein, um über all das zu lachen.

Und bei uns? Das Wunder der Verschonung ist auch eine Last. Sie ertragen zu können, ist eine Lüge wert. Wer noch nicht dabei war, hat sie zumindest vernommen. Was uns gerettet hat, war nicht die vielfältige Kollaboration: das Abweisen von etwa 10'000 tödlich gefährdeten Juden, die Durchlässigkeit des Landes für die Waffentransporte der Achsenmächte, das Reinwaschen von Nazigold, das um sich greifende Duckmäusertum mit Schlagseite nach Norden. Es war die wunderbare Tapferkeit der Armee, vor der, wie könnte es anders sein, selbst *der* Angst hatte, der fast ganz Europa besiegte. Und es war die grosse Symbolfigur: der untadelige General, der in den Bürgerstuben allen in die Augen blickte und ihnen das Herz stärkte. Wer *hier* lacht, verletzt national-religiöse Gefühle. Sie sind der Schutzmantel des Tabus.

Die Folgen sind spürbar. „Sie wissen", so wird man am Fernsehen etwa vor Live-Sendungen belehrt, „Sie können hier alles sagen, aber nichts (welch seltsame Logik!), was religiöse Gefühle verletzt oder das Ansehen der Armee schädigt." Das ist, im Hinblick auf unsere Lebenslüge, dasselbe. Wer hin und wieder anonyme Briefe kriegt, kennt den Hass, den er bei Patrioten freilegt, wenn er in diesem Punkt sündigt.

Nichts erzeugt solch unerbittliche Feindschaft wie der Stich in die Eiterbeulen unter den Lebenslügen. Er gefährdet das Arrangement mit der Vergangenheit, dieses Immunsystem gegen Selbstverachtung, und er erzeugt eine moralisch beleidigende Angst, die oft allein der Hass überdecken kann. Der Hass bestimmt dann die Reaktion in leicht zu erkennenden Ritualen. Man argumentiert nicht mehr sachlich, sondern diffamiert persönlich. Und da man nicht physisch töten darf, tötet man moralisch – im Rufmord. Das Rezept ist einfach: In einer manichäisch gesehenen Welt zählt man den Störenfried dem Feindeslager zu, das ungefähr alles bedroht, was der Nation heilig ist. Die Vielzahl der Empörten und Beleidigten wird zur Macht dieser Strategie.

Dennoch ist der Stich nötig. Wer sich zu lange etwas vormacht, verliert das Bewusstsein, dass er lügt. Er wird verlogen. Verlogenheit ist nicht bloss eine situativ bedingte Unwilligkeit, die Wahrheit zu sagen, sondern ein zum Habitus gewordener moralischer Defekt, der die objektive Lüge subjektiv unkenntlich macht und sie dadurch in eine Überzeugung verwandelt. Jede Lebenslüge tendiert dazu. Denn erst die Verlogenheit ist ihr endgültiger Sieg. In ihr ist man definitiv eingerichtet – aber mit der Folge, dass sie, wie ein Pilz, in alle Bereiche der Existenz auswuchert. Sie macht unfähig zur Wahrheit. Wie nützlich einzelne politische Lügen auch sein mögen, die politische Verlogenheit zerstört über die Moral hinaus die Erkenntnisgrundlage der Politik.

Es gibt gegenwärtig ein wunderbares politisches Instrument, das uns aus der Verlogenheit unserer Verschonungsneurose retten könnte: die Initiative für eine Schweiz ohne Armee. Jedermann weiss, dass sie abgelehnt wird, falls sie überhaupt zustande kommen sollte. Dass sie zustande kommt, ist aber wichtig. Sie wird uns zwingen, öffentlich zu argumentieren, statt offiziell zu mystifizieren. Wie gross das realpolitische Misstrauen gegen ihre Utopie auch sein mag: die rationale Diskussion der Vor- und Nachteile einer bewaffneten Armee in unserer Geschichte und Gegenwart und für unsere Zukunft ist selber eine realpolitische Chance. Sie befreit die Öffentlichkeit und die Massenmedien aus der muffigen Atmosphäre einer verschleierten Zensur. Sie reinigt damit die politische Luft. Man sollte sie deshalb unterschreiben.

Aber schon blasen die Patrioten zu ihrem Feldzug. Die Strategie ist wie gehabt. Ihr Preis ist die Ausbreitung einer Krankheit. Sie heisst Helvetosklerose.

Blick voraus ins Glück

Wir sind versichert gegen Unfall, Krankheit, Invalidität und Todesfall; gegen Sturm und Wasserschäden, Blitz- und Hagelschlag; gegen Einbruch, Diebstahl, Betrug und Verlust fast jeglicher Art. Wo immer ein objektiv messbarer Schaden droht, also ein kalkulierbares Risiko besteht, da wird versichert. Und die Versicherungsgesellschaften versichern sich wieder in Rückversicherungen, und Rückversicherungsgesellschaften versichern sich ebenso bei Rückversicherungsgesellschaftspartnern. Wir leben in einer versicherten Sicherheitsgesellschaft, in der, wenn man den Versicherern glauben dürfte, jeder hinreichend Versicherte und damit die Versicherungsgesellschaft insgesamt mit Blick voraus ins Glück so sicher lebt wie noch nie.

Aber der subjektive Befund der meisten Menschen ist ganz anders. Sie leben nicht im Gefühl der Sicherheit, sondern eher der Furcht und der Angst. Ihr Lebensrezept heisst nicht: je mehr Versicherungen, desto sicherer, sondern: je unsicherer, desto mehr Versicherungen. Aber dann bleibt der erhoffte psychologische Sicherheitseffekt der Versicherungen aus. Die Versicherten reagieren nun widersprüchlich und paradox: je unsicherer, desto mehr Versicherungen; aber je mehr Versicherungen, um so unsicherer und ängstlicher. Es ist, als ob das Versicherungswesen seelisch disfunktional würde. Es erzeugt und verstärkt das Unsicherheitsempfinden, das es verhindern oder zumindest abschwächen möchte. Es schafft die Krankheit, die es zu heilen vorgibt.

Warum ist das so – und zwar notwendigerweise so? Versicherungen sind immer Ersatzsicherungen. Sie können uns gerade dort nicht schützen, wo wir *eigentlich* geschützt sein möchten. Die Unfallversicherung schützt uns nicht vor Unfällen, die Lebensversicherung nicht vor dem Tod, die Altersversicherung nicht vor dem Zerfall im Alter, sondern sie alle schützen uns *nur* vor den ökonomischen Nebenfolgen des Unglücks. Insofern verweist fast jede Versicherung auf das Nicht-Gesicherte und Nicht-Versicherbare unseres Daseins. Dadurch *muss* das Gefahrenbewusstsein wachsen.

Selbst aber wenn wir uns einreden wollten, die Lebensversicherung sichere wirklich unser Leben, so hielte diese Selbsttäuschung nicht lange vor. Denn Versicherungen haben etwas mit Risiken zu tun und Risiken etwas mit der Ungewissheit der Zukunft. Die Zukunft indes war objektiv und subjektiv noch nie so unbekannt, wie sie es in den modernen dynamischen Gesellschaften ist. Und noch nie war sie so schnell im Anzug wie heute. Sie braust als Unbekannte gleichsam in die Gegenwart herein. Da wir aber nicht einmal diese kennen, weil sie so unübersichtlich komplex geworden ist, leben wir in der doppelten Unsicherheit, was sich *heute* nun wirklich tut und was denn *morgen* auf uns zukommen könnte. Die Unsicherheit, die Ungewissheit und die Bodenlosigkeit sind in dieser Lage eigentlich die *adäquaten* Lebensgefühle. Bloss: Wir ertragen sie nicht beliebig lange, weil sie uns ängstigen. Und so nehmen wir Zuflucht zu den vermeintlichen Sicherungen, die uns zur Anleitung werden, uns noch unsicherer zu fühlen.

„Die Sicherheit betet man jetzt als die oberste Gottheit an", so hat Nietzsche schon vor mehr als hundert Jahren gesagt. Die Versicherungen sind gleichsam die trügerischen Tempelwächterinnen dieser im übrigen falschen Gottheit, die so tun, als ob sie uns Einlass gewährten, indem sie uns vom Tempel entfernen, der vor langer Zeit und auf immer verschlossen worden ist.

Kleines Vademecum des Lügens

Platon hat in seiner Schrift über den Staat gesagt, dass es keinem Menschen zustehe zu lügen, ausser den Regenten, die, gleichsam als Ärzte der Polis, nicht jederzeit allen die volle Wahrheit sagen dürfen. Er setzte dabei voraus, dass nur die Weisesten zu Regenten werden und dass diese, selbst wenn sie lügen, letztlich auf das Wohl der Polis bedacht sind. Alles gute Lügen ist schwer, heisst das, und es verlangt grosse Weisheit.

Hierzulande sind neuerdings einige Politikerinnen und Politiker philosophisch geworden, nämlich Platonikerinnen und Platoniker. Sie wissen zu unterscheiden, was sie dem Volk und was sie der Wahrheit schulden. Da sie aber nicht immer *ganz* weise sind, machen sie hin und wieder Fehler beim Lügen. Deshalb sei ihnen, in sokratischer Absicht, ein kleines zeitgemässes Vademecum des Lügens zugedacht, das sie vor allen unangenehmen Folgen schützen möge.

1. Bedenke, dass du zuweilen lügen *musst*, wenn du herrschen willst; denn das ist der Preis der Macht, ohne den du nicht bleibst, was du bist.

2. Bedenke, dass wer lügt, die Wahrheit kennen muss, sonst irrt er bloss. Den Irrtum aber wird dir niemand verzeihen.

3. Bedenke, dass du zwei Gedächtnisse brauchst, wenn du lügst: eines, das sich der Wahrheit erinnert, und eines, das weiss, wie, wo und warum du gelogen hast. Darum

ist das Lügen schwerer als jede Wahrheit, die sich nur ihrer selbst erinnert.

4. Wenn du lügen willst, weil du meinst, dass du musst, dann tue es mutig, eingedenk eines grossen Kirchenfürsten, der gesagt hat: „Sündige tapfer!" (Luther), und eingedenk eines erfahrenen Lügners, der geschrieben hat: „Wer lügt, braucht nicht Angst zu haben ..." Wer aber halbherzig lügt, zieht den Verdacht auf sich und ist schon verloren.

5. Wenn du gelogen hast, so verwische alle Spuren der Wahrheit, ausgenommen die in deinem Gedächtnis. Beherzige immer das weise Wort des Troubadours von Zumikon: „Wer etwas unter den Teppich kehrt, sollte es in der nächsten Nacht ganz wegwischen."

6. Bedenke auch, dass Lügen Nebenlügen schaffen, die kleineren Bastarde, die sie mit der Wahrheit zeugen. Beseitige auch sie radikal. Ein grosser Aphoristiker unserer Tage sagte dazu: „Zu leicht vergisst, wer Leichen im Keller fürchtet, diejenigen im Erdgeschoss."

7. Wenn du alle Spuren in deinem Haus beseitigt hast, so beseitige auch die auf deinem Gesicht. Sei fröhlich wie ein Kind und frisch wie ein eben gepflückter Pfirsich.

8. Solltest du dennoch bei einer Lüge ertappt werden, so decke sie mit einer zweiten (besseren) zu. Denn das Volk darf niemals merken, dass du es für so dumm hältst, wie es ist.

9. Lüge dennoch nicht zu viel. Wer viel lügt, überfordert sein Gedächtnis und wird verlogen. Verlogenheit ist die Unfähigkeit zur Wahrheit. Wer die Wahrheit verliert, verliert auch die Fähigkeit zu lügen und ist somit doppelt verloren.

10. Umgebe dich stets mit Menschen, die dir etwas schulden; denn sie werden dir etwas verzeihen.

Wer in der Befolgung dieses Vademecums massvoll bleibt und keine Fehler macht, darf hoffen, in seinem Amt in Ehren zu ergrauen. Das Volk wird ihn oder sie um der Klugheit willen lieben und als einen wahren Arzt des Staates verehren. Glücklich das Land, das so viele glückliche Ärzte hat!

Die Schule des Lebens

Wer jemals in einem Nachrichtenstab Militärdienst geleistet hat, wird dieser Schule des Lebens ewig dankbar bleiben. Ich war während einiger Wiederholungskurse Zeichner in einem Bataillonsstab. Da habe ich gelernt, was der moderne Krieg ist. Zum Beispiel in einer Stabsübung: Wir marschierten mitten in der Nacht, ich das Reissbrett unter dem Arm, senkrecht von Sigriswil nach Merligen hinunter, wo uns Pontoniere lautlos Richtung Aeschi über den Thunersee setzten. Es brach eben der Tag an, als in Aeschi die ersten Kriegsmeldungen einliefen: Im See seien, unweit von Spiez, rote unter Wasser schwimmende Panzer gesichtet worden. Nun grub sich blaue Infanterie, natürlich nur supponiert, in der Nähe des Seeufers ein. Als ein roter Panzer auftauchte, wurde er glatt durch eine Panzerabwehrkanone getroffen. „Dä Soucheib hets", sagte der Major, und ich musste im Plan den Panzer durchkreuzen. Dann aber griffen rote Panzer die Boote der Pontoniere an, die laufend, aber nur supponiert, Truppen über den See brachten. „Die arme Sieche", sagte der Major. Aber er irrte. Die tapferen Füsiliere schossen, aber nur supponiert, mit ihren neuen Sturmgewehren unglaubliche Salven auf den Feind, so dass dieser ganz aus dem Häuschen kam und Richtung Spiez floh. Eben als ich die Fluchtrichtung einzeichnete, meldete ein Aussenposten, im Blaukreuzheim Aeschiried sei Feind gesichtet worden. „Itz geits los", sagte der Major. Aber er irrte wiederum. Die Heiminsassen nämlich entwaffneten drei rote Soldaten mühelos. Unterdessen lief in Spiez das Schnellboot der Feuerwehr aus. Es war mit Panzerabwehrkanonen bestückt, und sein Wasserwerfer – das war die Überraschung des jungen Tages – war zu einem Flammenwerfer umgebaut worden. Wo immer ein roter Panzer auftauchte, war es zugegen und schoss ihn gnadenlos ab. Um 5 Uhr 45, wenn andere den Krieg erst beginnen, war dieser schon beendet.

Ich weiss nicht mehr, wie viele Heldentaten ähnlicher Art ich aufgezeichnet habe. Irgendwo zwischen Aeschiried, Rüschegg, Zäziwil und Frienisberg haben die Blauen immer gewonnen. Kriege waren eine Sache von einer Nacht, wenn's lang dauerte von einigen Tagen. Sie verliefen immer nach Plan. Wir hatten immer einen Feind und immer den gleichen. Er griff immer aus Osten an, und hierzulande gab es immer eine Fünfte Kolonne. Dieser Feind war nie sehr intelligent. Wie durch ein Wunder verstanden wir seine Sprache immer. Und in den äussersten Notlagen gab es immer eine mirakulöse Hilfe.

Das waren eben glückliche Zeiten, wird Herr Mudry sagen, der Kommandant des Walliser Infanterieregiments 16. Als er vor kurzem eine Stabsübung abhielt, war weit und breit kein äusserer Feind zu sehen. Aber zum Glück gab es die Fünfte Kolonne noch: den Feind der Armee – die GSoA, die „Gruppe Schweiz ohne Armee". Also erdachten sich Herr Mudry oder sein Nachrichtenoffizier ein neues, wirklichkeitsnahes Szenario: Die GSoA organisierte, aber nur supponiert, in mehreren Städten Demonstrationen, an denen es zu gewalttätigen Ausschreitungen kam. Die Polizei, nicht mehr Herr der Lage, rief die Armee zu Hilfe, die prompt ihrer innenpolitischen Pflicht nachkam. Nun legten die Armeegegner Feuer – nicht etwa an das Militärdepartement, nein: an ein Schulhaus. Mehrere Kinder verbrannten. Da eilten, wie in Spiez das Feuerwehrschiff, die Rechtsradikalen der Armee zu Hilfe. Sie bewaffneten sich und machten, gemeinsam mit Polizei und Armee, Jagd auf das Pack der GSoA. Die „WochenZeitung", die über diese drôle de guerre berichtet hat, verriet leider nichts über den Ausgang der Hatz. Aber die heilige Dreifalt von Polizei, Armee und Rechtsradikalen, die gewiss der ewigen helvetischen Einfalt entsprang, wird es wohl gegen diesen Feind geschafft haben. Die Armee übrigens in Unschuld, gab doch Herr Mudry bekannt: „In dieser Übung schritt die Armee keineswegs ein, sondern verstärkte lediglich ihre Abwehr. Mehr sage ich ... nicht."

Schade. Denn man hätte zu gerne noch etwas über das künftige Feindbild erfahren, nachdem der äussere und der innere Feind besiegt worden sind. Wer also könnte sich noch als Feind des Landes eignen? Die Asylanten? Die Raucher? Die Intellektuellen? Die Suchtkranken? Die Grauen Panther? Die Feministinnen? Dem Vernehmen nach will das Militärdepartement darüber im Jubeljahr eine Umfrage veranstalten. Sie soll an alle Veteranen des Zweiten Weltkriegs gerichtet werden, damit die Wirklichkeitsnähe militärischer Übungen auch in Zukunft garantiert werden kann.

Der Tag der Veteranen

Während die ehemals kriegführenden Länder, gebeutelt durch die Verluste an Menschen und all die anderen Schäden, übereinkamen, hinfort das Ende des Weltkrieges zu feiern, beschloss ein kleines Land, das mit viel Glück vom Krieg verschont geblieben war, den Tag der Mobilmachung mit nationalen Festen zu feiern. Nach fünfzig Jahren rief es alle Veteranen zusammen, die noch lebten, um ihnen dafür zu danken, dass sie so tapfer gekämpft hätten, wenn sie hätten kämpfen müssen.

„Wie wart Ihr doch gross", sagte ihnen ein Vater des Landes, „als Ihr, sonst schlecht gekleidet, in die Montur gestiegen seid, die, wie das Wort sagt, jedem zum Aufstieg verhilft! Die Knöpfe des Ehrenkleides blitzten im Licht. Die Schuhe waren täglich geputzt, und immer steckten zwölf Patronen in Euren Taschen: keine verbraucht und dennoch keine vom Grünspan befallen. Die Beine Eurer Hosen waren wunderbar rund, wie die Rohre der grün getarnten Kanonen, und die Haare waren nach Vorschrift kämpferisch kurz, so dass der Helm sich tief in die Augen senkte. Nichts sehen – und dennoch stolz sein: das war Eure Devise; nichts planen – und dennoch siegen, hiess unsre. Der Tornister, diese Brieftasche des kleinen Mannes, wie war er doch angefüllt mit den Grüssen der Frauen und Kinder! Gibt es ein grösseres Glück als die Treue im Feld, getrost auf dem Rücken getragen? Im Brotsack lag immer das Dienstreglement: die

Bibel der Freiheit. Steif hing darunter das Bajonett, dessen Zacken kein Brot widerstand. Und erst das Gewehr! Jeden Abend erneut gespiegelt – ein glänzender Lauf, in dem Ihr Euch saht. Sein Glanz war das Gewissen des Wehrmanns: unerprobt, noch am Ende des Krieges neu wie am ersten Tag.

Was habt Ihr nicht alles geleistet! Geputzt und gehorcht und geschwiegen! Ihr habt die Alpen durchlöchert, die Wolken gezählt und die Strassen verriegelt. Ihr habt Fabriken und Banken gesichert und mutig die Kinder verlassen. Ihr habt verwegen die Fahnen gehisst an den Grenzen. Ihr habt das Bundeshaus täglich bewacht und uns armen Landesvätern den Notweg offen gehalten – ach ins so schwere Exil. Ihr habt die Vorgesetzten immer mit Ehrerbietung gegrüsst und all die Flüchtlinge entschlossen zurückgewiesen. Keiner drang ein, wenn *wir* es nicht wollten – und wir wollten es nie ohne triftige Gründe. Wie kann man Euch danken für die Errettung der Welt? Wir wissen es nicht."

Gerührt ob der eigenen Rede, beschloss die Regierung, eine Münze zu prägen. Die Vorderseite zeigte den General, majestätisch aufgebahrt und umrahmt von den Worten: „Das tat ich für dich." Die Rückseite zeigte den Globus, eingefasst in die Worte: „Ich danke es dir." Jeder Veteran erhielt eine Münze, zum Zeichen, dass ihm die Welt etwas schulde.

Die Feier war fröhlich, dem Anlass gemäss. Sie fand auf den Kriegsfriedhöfen Europas statt und endete überall mit dem Tanz um die helvetische Heilige Kuh, die sich mit grossem Gebrüll um sich selber drehte.

Anstelle eines Briefes an Frau Kopp

In allen grossen Literaturen gibt es Zeugnisse dafür, dass der Anspruch des Menschen, als Mensch anerkannt und behandelt zu werden, uralt ist. Seit dem 17. Jahrhundert hat sich dieser Anspruch allmählich in eine Idee des Rechts verwandelt. Sie besagt, dass der Mensch das Lebewesen ist, das das Recht hat, Rechte zu haben, und zwar solche Rechte, die ihm ein menschenwürdiges Dasein ermöglichen. Diese Rechte nennen wir seit bald 200 Jahren Menschenrechte.

In der Idee der Menschenrechte liegt eine wunderbare Grosszügigkeit: Mensch ist, wer von einer menschlichen Mutter geboren worden ist. Allein dass er Mensch ist – ob nun jung oder alt, ob Frau oder Mann, ob schwarz, weiss oder gelb, ob Christ, Buddhist oder Jude –, allein dass er Mensch ist, gibt ihm jenen Anspruch auf ein menschenwürdiges Dasein, und zwar überall auf der Welt. Menschenrechte kann es deshalb nicht geben ohne die Idee des Weltbürgertums und ohne die Idee einer weltweiten Hospitalität. Ihre Grundtugend ist die Humanität als Solidarität zum Menschen, ohne die jedes Recht im Unrecht oder im blossen Formalismus verkommt.

Die Idee der Menschenrechte ist leicht zu fassen. Aber ihre Verwirklichung ist schwer. Weshalb? Weil wir das Gift gegen sie sehr früh einsaugen, wenn auch nicht gleich mit der Muttermilch. Und dieses Gift ist der Superioritätswahn, der krankhafte Glaube an die eigene Überlegenheit. Er lebt sich in den verschiedensten -ismen aus: im Sexismus, dem Wahn, dass unser Geschlecht dem anderen Geschlecht von Natur überlegen ist; im Adultismus, dem Wahn, dass die Erwachsenen den Kindern von alters wegen überlegen sind; im Rassismus, im Nationalismus, im Fideismus und Fundamentalismus, dem schrecklichen Wahn, dass ein Glaube allen andern durch Gottes Willen überlegen ist. Was in der Geschichte an grossen Verbrechen möglich geworden ist: die Glaubenskriege und die Inquisition, die Demütigung der Frauen und Kinder, der Kolonialismus mit all seinen Herrenvölkern, der Gulag und Auschwitz, gründet in irgendeiner Spielart dieses Wahns. Dass er weltweit besiegt werden kann, ist eine der Voraussetzungen unserer Zukunft.

Menschenrechte können auf zwei Weisen verletzt werden: entweder durch einzelne Menschen, die damit personal und willkürlich eine menschenrechtliche Norm brechen – oder durch Gesetze, die strukturell eine menschenwidrige Norm etablieren. Der zweite Fall ist schlimmer. Denn er erlaubt, ja gebietet vielleicht die Verletzung der Menschenrechte. Wo er sich einlebt, kann man zuweilen die Grundrechte nur noch schützen, indem man das Landesrecht bricht. Dass man es unter diesen Umständen auch brechen darf, ist selber ein altes Menschenrecht, das Recht nämlich auf Widerstand gegen die Inhumanität des Staates.

Was ist ein verkommener Staat? – Ein Staat, in dem man die Landesrechte brechen *muss*, um einzelne Menschen und ihre Menschenrechte schützen zu können.

Was ist ein heuchlerischer Staat? – Ein Staat, in dem

die Regierung formale Rechtsverfahren vorschützt, um substantielle Menschenrechte leichter übergehen zu können.

Aber was ist ein verlorener Staat? – Ein Staat, in dem sich die Bürgerinnen und Bürger nicht mehr gegen diese Praktiken zur Wehr setzen.

Wir fordern ein neues Bürgerrecht: das Recht, Bürgerin und Bürger dieses Landes sein zu können, ohne sich dessen schämen zu müssen.

Friede ist mehr als Nicht-Krieg

Wäre Friede nur ein dauerhafter Waffenstillstand, so liesse sich vielleicht noch sagen, was eine „umfassende Friedenspolitik" ist: nämlich das unausgesetzte Bemühen, auf nationaler und internationaler Ebene am Verschwinden des Krieges als einer geschichtsbestimmenden Macht mitzuarbeiten.

Friede ist aber mehr als der Nicht-Krieg: letztlich das Insgesamt der politischen Weltkultur, nicht wie sie de facto ist, sondern wie sie werden sollte. Deshalb gibt es den Generalisten nicht, der umfassend beschreiben könnte, was eine „umfassende Friedenspolitik" ist. Ihr tragender Sinn muss erst noch – theoretisch und praktisch – geschaffen werden: innenpolitisch, europapolitisch und weltpolitisch.

Vielleicht ist es hilfreich, diese drei Felder durch drei Ziele zu umreissen: Friedenspolitik sucht innenpolitisch heute die integrationsfähige Demokratie, europapolitisch die freiheitsfähige Integration der Demokratien und weltpolitisch die gerechtigkeitsfähige Weltgemeinschaft. Die beharrliche Mitarbeit an diesen Zielen und ihre theoretische Klärung könnte man behelfsmässig als die Aufgabe einer „umfassenden Friedenspolitik" der Schweiz bezeichnen. Ich spreche im folgenden nur von der Europapolitik, also nicht von der Friedenspolitik in ihrer ganzen Weite.

Europa durchlebt gegenwärtig die vielleicht interessanteste Phase seiner Nachkriegsgeschichte. Drei Momente kennzeichnen sie:

1. Das Zeitalter der Kriege, das drei Jahrtausende der europäischen Geschichte wesentlich geprägt hat, scheint an ein Ende zu kommen.

2. Die so viel kürzere Ära der politischen Dominanz des Nationalstaates mündet in die Mitbestimmung der sich integrierenden Staaten aus.

3. Die zweite Form des europäischen Totalitarismus in unserem Jahrhundert hebt sich – in einem erstaunlichen Prozess der Selbstüberwindung – allmählich auf.

Keiner dieser Prozesse ist abgeschlossen; keiner ist für ganz Europa gleich weit vorangetrieben; keiner ist – heute noch – unumkehrbar. Aber alle gewinnen fast täglich an Macht: objektiv im politischen Geschehen der Völker und subjektiv im Bewusstsein der Menschen. Die Unumkehrbarkeit kündet sich insofern an. Zum erstenmal seit sehr langer Zeit darf man hoffen, ohne einer Illusion zu verfallen, dass in Europa eine Friedensordnung entsteht, die mehr ist als ein Patt des Schreckens.

Auf dem Hintergrund der zunehmenden europäischen Integrationswilligkeit weisen diese drei Prozesse die konkreten Richtungen einer europäischen Friedenspolitik im Rahmen des Möglichen, die utopisch überhöht sind durch die idealen Regulative einer philosophischen Politik: Gesucht wird ein insgesamt demokratisches, von England bis zum Ural offenes und weltweit solidarisches Europa, in dem die unterschiedlichen Kulturen ihre inneren und gegenseitigen Konflikte friedlich lösen und deren wesentlichste Ursache: die ungleiche Verteilung der Güter, abbauen und schliesslich zum Verschwinden bringen.

In bezug auf die drei Prozesse könnte das für die Schweiz, auf dem Hintergrund ihrer eigenen politischen Kultur, bedeuten:

1. Seit der Gründung des Bundesstaates hat unser Land, auf der Basis der bewaffneten Neutralität, wehrpolitisch die Doktrin einer Defensivarmee aufgebaut, die in den letzten Jahrzehnten zu einer Dissuasionstheorie führte. Das Modell war erfolgreich und glaubwürdig. Aber der Preis war hoch. Er führte durch die militärische Absonderung zu einer Militarisierung der Gesellschaft, die weltweit ohnegleichen ist. Wir wurden unfähig zur Abrüstung, entwickelten eine schon lächerliche Phobie gegenüber der Friedensforschung und praktizierten eine menschenrechtswidrige Politik gegen die Dienstverweigerer, als ob wir mitten im Krieg stünden. Wir brachten diese Unfähigkeit schliesslich in eine Pseudotheorie, die in Wahrheit nur ein Dogma der politischen Phantasielosigkeit war: Der neutrale Staat darf erst als letzter abrüsten.

Aber es war immerhin ein Angriffspazifismus. Eben der breitet sich heute in Europa aus, verbunden mit Strategien wirklicher Abrüstung. Wir geraten zunehmend in den Separatismus eines Status quo, in dem die Rüstung zum Selbstzweck wird oder die Armee heimlich neue Funktionen übernimmt. Wenn der Krieg obsolet wird, was sollen da die Armeen?

Es gibt keine Gründe für einen separatistischen, sich um sich selbst drehenden Militarismus, und sei er für die anderen Länder noch so ungefährlich. Eine europäische

Friedenspolitik der Schweiz müsste zumindest die Abrüstung Europas und die Auflösung der militärischen Blökke – im Rahmen des Abbaus der Bedrohungen – theoretisch fördern, und sie könnte praktisch Zeichen der Vorleistung setzen.

Wozu brauchen wir eine Luftwaffe, die so überaus teuer ist und sich im engen Raum der Schweiz kaum noch bewegen kann? Es genügen die Luftabwehrwaffen. Wozu die Panzer? Es genügen die Panzerabwehrwaffen. Hier wäre ein radikaler Abbau im Rahmen der bisherigen Konzeption einer Defensivarmee denkbar. Und die Zeichen würden in Europa nicht überhört.

2. Die Schweiz war nie ein Nationalstaat, aber wurde dennoch als territoriale Staatsnation definiert. Als multikultureller Verfassungsstaat hat sie selbst ein Balancemodell von staatlichen Autonomien im Rahmen einer gemeinsamen Bundesverfassung entwickelt. Aber es ist, als hätte sie darin ihre Integrationskraft erschöpft. Die Kehrseite der Ordnung im Inneren war immer ein Separatismus nach aussen. Er könnte uns erstmals zum Verhängnis werden, falls Europa wirklich zu einer politischen Gemeinschaft wird.

Unser Land steht somit vor der Forderung einer neuen Integrationsfähigkeit. Wie kann es die selbstverschuldete Gettoisierung verlassen, ohne die basisdemokratischen Rechte preiszugeben? Und was kann es für Europa tun, selbst wenn es der Gemeinschaft nicht voll beitreten wollte?

Ich spreche nicht von den Wirtschaftsfragen, die pragmatisch lösbar sein müssen, sondern von der Politik. Die

Schweiz könnte auch hier zumindest Zeichen setzen. Das wichtigste wäre die volle Gewährung der Menschenrechte an unsere Gastarbeiter. Es müsste der Grundsatz gelten, dass, wer hier arbeitet und somit zum Wohlstand des Landes beiträgt, auch die vollen politischen Rechte geniesst. Es liesse sich ein Bürgerrecht auf Zeit erfinden, das nach einer gewissen Anzahl von Jahren ohne die Peinlichkeit der Schweizermacherei dauerhaft würde. Ihm läge die Haltung zugrunde: Wir sind insgesamt nicht die Profiteure der armen europäischen Länder, sondern ihre solidarischen Partner. Die Mitarbeit an ihrer politischen und wirtschaftlichen Gesundung hätte einen Tatbeweis.

3. Die Selbstüberwindung des Totalitarismus in Europa ist die wohl unerwartetste und grösste Chance des Kontinents. Friedenspolitisch wird es für ganz Europa entscheidend, dass diesen Ländern aus den Miseren der Rückständigkeit, der Versorgungsnot und der Verschuldung geholfen wird. Die Bereitschaft dazu kann nur wachsen, wenn die Mentalität des kalten Krieges ganz überwunden wird. Das ist nicht mit Wirtschaftsmassnahmen allein zu machen, sondern bedarf der kulturellen Zusammenarbeit, in der die Schweiz so kleinlich ist, weil sie den politischen Wert des Kulturellen notorisch unterschätzt.

Erst wenn die Schweiz ein kleines Europa wird, wird sie auch fähig zur Mitarbeit am grossen. Eine gewisse Dissidenz in der basisdemokratischen Ordnung könnte dann für die anderen Länder akzeptabel sein und im Prozess der Verwandlung Europas für dieses vielleicht ein Modell werden.

Der rassistische Giftzwerg

Nach fünf Morden – denn heimtückisch und niederträchtig waren diese Tötungen –, nach fünf Morden, mehreren Verletzten und vier schweren Brandanschlägen auf Asylantenheime lässt es sich nicht länger verbergen: der Fremdenhass in der Schweiz setzt seine kriminelle Energie auf eine so brutale Weise frei, dass selbst dem patriotischen Umfeld der neofaschistischen Rassistenbanden die klammheimliche Freude vergeht. Denn es könnte notgedrungen die Zeit an ein Ende kommen, da die Jagd auf Türken und die Pogrome gegen Tamilen als Treuebekenntnisse zur Nation angesehen werden, und zu Ende vielleicht auch die Zeit, da die Beschimpfung und Belästigung von dunkelhäutigen Ausländern auf unseren Strassen zu den alltäglichen Ritualen biederer Bürger gehören. Die Polizei wird ihre Komplizenschaft aufgeben müssen, die Justiz ihre Blindheit und die Staatssicherheit ihre Einäugigkeit. Denn es hat sich herumgesprochen, sogar bis auf die Ratsbänke der bürgerlichen Parlamentarier, dass diese Gewalt von rechts kommt, und es spricht sich herum, dass sie den Ruf der Schweiz in der Welt ruiniert. Die Fama vom humanitären Musterland Schweiz haben wir längst in Reichtum und Geiz ertränkt. Die Fama vom integren Finanzplatz Schweiz ist in den Kloaken der Geldwäscherei weggespült worden. Aber der Ruf vom rassistischen Giftzwerg Schweiz, auf dessen Territorium die Asylanten in verstachelten Gettos leben müssen, um nicht öffentliches Freiwild zu werden, dieser Ruf ist nun wirklich kein Ersatz für die anderen Verluste, sondern nur eine Demütigung des Landes, das keineswegs unabhängig ist von seinem Image in der Welt.

Die Beteuerung, dass diese Gewaltakte nur die Auswüchse verschwindend Weniger seien, überzeugt nicht mehr. Der Fremdenhass *ist* das grösste Problem der Schweiz – und auf Fremdenfeindlichkeit beruht auch der ganze offizielle Umgang unserer Behörden mit Ausländern. Ja die Behörden sind insgesamt schlimmer als die Chaoten von rechts, weil *sie* die *Macht* repräsentieren und rechtens gewalttätig sind:

Wer kennt hier die beschämenden Rituale der Einbürgerung? Wir können neuerdings über sie lachen; aber wir verändern sie nicht.

Wer kennt die hochnotpeinlichen Antragsverfahren für Bürgerinnen und Bürger armer Länder, die ein Visum für die Schweiz wollen?

Wer ermisst das menschenrechtliche und humane Elend, das wir über Jahrzehnte unseren Gastarbeitern zugefügt haben, denen wir doch verdanken, dass wir überhaupt eine verkehrstüchtige Infrastruktur haben?

Wer die Not, die professionelle Menschenselektionäre über – wie es heisst – „angeschwemmte" Wirtschaftsflüchtlinge bringen?

Hinter all diesen Praktiken steckt die Verachtung der Fremden. Sie halten sich zwar an rechtliche Formen und Regeln. Aber sie allein deshalb für gut und menschenwürdig zu halten, wäre fatal. Denn auch die Handlungen des Hasses können verrechtlicht werden und keineswegs nur die der loyalen Kooperation. Der verrechtlichte Hass ist der gefährlichere Hass, weil er nicht zur Rechenschaft gezogen werden kann und weil er von einer ganzen Gesellschaft getragen wird. Er ist der ewig fruchtbare Schoss, der die Strebels und ihre Kumpane zur Sozialwelt bringt – und er ist auch der Hintergrund der nicht mehr legalen Komplizenschaft von Polizei, Justiz und Sicherheitsdiensten.

Es ist leicht vorauszusagen, wann die legale Fremdenfeindlichkeit in den illegalen Fremdenhass umbricht. Nämlich immer dann, wenn die sozialen Ängste und Nöte ins Bedrohliche wachsen. Hungerlöhne, strukturelle Armut, Wohnungsnot, ein ungesichertes Alter: sie sind die grossen Frustrationen, die eine zunehmende Anzahl von Menschen in unserem Land erleiden. Eine katastrophale Sozialpolitik weckt auf dem Hintergrund von Angst und Not den Neid. Die aus ihm freigesetzten Aggressionen aber wenden sich keineswegs gegen die Verursacher der Not: das sozial vollständig verschlafene Parlament und die Cliquen von Spekulanten, sondern gegen den noch Schwächeren, weil Rechtlosen. Gegen ihn kann man siegen, auch wenn man sonst nichts kann. Und dieses Gefühl: es denen gezeigt zu haben, Herr im eigenen Land zu sein, reicht eben aus, um die Angst eine Weile zu vergessen. Wer die Messlatte tief genug legt, nimmt jede Hürde. Bloss: er läuft einen falschen Parcours.

Wenn eine Gesellschaft mit dem illegalen Fremdenhass fertigwerden will, muss sie die legale Fremdenfeindlichkeit abschaffen. Wenn sie gar eine Kultur der Fremdenfreundlichkeit fördern will, muss sie eine vernünftige Sozialpolitik betreiben. Wer aber legal fremdenfeindlich und sozial absichtlich rückständig bleibt, muss sich den Verdacht gefallen lassen, dass er einen Prügelknaben zur Ablenkung der sozialen Aggressionen braucht. Dann wird sich, bei wachsender Angst, auch die Prügelbande finden, die hin und wieder ein nationales Vergeltungsritual statuiert. Man kann und man soll sie rechtlich zur Verantwortung ziehen. Aber gelöst ist das Problem damit nicht.

Der lange Arm aus der Dunkelkammer

Waren Sie jemals Erstunterzeichner eines Referendums oder einer Initiative? Dann sind Sie registriert.

Waren Sie Mitglied eines Abstimmungskomitees oder vielleicht eines Wahlvereins? Dann sind Sie registriert.

Waren Sie Redaktor oder Redaktorin einer Zeitschrift? Oder haben Sie gar, horribile dictu, selber geschrieben: politische, gesellschaftskritische oder wissenschaftliche Artikel und Bücher? Dann sind Sie registriert.

Haben Sie an Fachkongressen im Ausland teilgenommen? Dann sind Sie registriert.

Sind Sie jemals in ein osteuropäisches Land gereist? Dann sind Sie registriert.

Haben Sie, als das noch möglich war, einen Dienstverweigerer verteidigt? Dann sind Sie registriert.

Haben Sie an Demonstrationen oder an anderen politischen Veranstaltungen „aktiv" teilgenommen? Dann sind Sie registriert.

Sind Sie das Opfer von rechtsradikalen Drohungen geworden? Dann sind *Sie* registriert.

Wenn überdies jemals gegen Sie ein gerichtspolizeiliches Ermittlungsverfahren angeordnet worden sein sollte, dann haben Sie, nebst den Fichen, auch ein Dossier: eine etwas erweiterte Sammlung von belastenden Banalitäten.

Und wenn Sie gar ein Sicherheitsrisiko des Landes sind, das heisst, wenn Sie Armeegegner, AKW-Kritiker, radikale Feministin sind oder einer Partei links von der SP (wozu auch die Grünen zählen) angehören, dann haben Sie die Ehre, hin und wieder in den „Quartalsberichten” zu stehen: den vertraulichen Mitteilungen über brandgefährliche Existenzen, die die Bundespolizei periodisch dem Bundesanwalt, dem Bundesrat, den kantonalen Polizeikommandos und, wie im PUK-Bericht vermerkt ist, „einigen wenigen anderen Adressaten” zukommen lässt. Man führt darin auch „regelmässig eine Totentafel von PdA-Mitgliedern”, zur Erbauung und Festigung des Glaubens an *unsere* Demokratie.

Um so vieles und so viele zu registrieren (etwa 600’000 Ausländer und Ausländerinnen und etwa 150’000 Schweizer und Schweizerinnen), braucht es kundiges Personal: 94 Stellen in Bern, an die 200 in den Kantonen und den grösseren Städten und dann „Vertrauenspersonen” (das ist eine geheimdienstliche Vokabel für Spitzel und Denunzianten) noch und noch.

Schnüffeln und Melden ist schön, aber macht viel Arbeit. Je nach der Grösse des Kantons und dem Arbeitsethos der Beamten gehen jährlich 20 bis 1600 Rapporte an die Bundespolizei, also insgesamt viele Tausende, die als Kopien natürlich auch in den Kantonen lagern. Aber keine Angst: Es wird nicht alles gemeldet.

Sie sind nicht registriert, wenn Sie nach Südafrika, nach Südkorea, nach Chile oder in die Türkei gereist sind.

Sie sind nicht registriert, wenn Sie der Nationalen Front oder einer ähnlich hirnlosen Vereinigung angehört haben.

Sie sind nicht registriert, wenn Sie zu Kaiseraugst, zu

Schweizerhalle, zum Fremdenhass und zu den Menschenrechtsverletzungen bei uns geschwiegen haben.

Sie sind nicht registriert, wenn Sie sich niemals um Politik gekümmert haben und Ihren Pflichten als Demokrat und Demokratin nie nachgekommen sind.

Durch alle Netze der Schnüffelei gleiten am sichersten die Alpha-Typen. Sie sind a-politisch, an-alphabetisch, a-phasisch (sprachlos) und a-pallisch (hirnlos). Ihnen kann man vertrauen: die Demokratie als GmbH der Alpha-Typen.

Für den Staatsschutz ist das Wichtigste an einer Meldung, dass sie endlich auf eine Fiche kommt.

Nicht so wichtig ist, ob sie *wahr* ist. Nur keine Verifikation! Das verringert die Anzahl der Eintragungen. Das Quantum an Informationen ist an sich ein Wert – unabhängig von ihrer Richtigkeit –, so wie das Quantum an Kapital an sich ein Wert ist, unabhängig von seiner Sauberkeit.

Wichtig ist auch nicht, ob die Nachricht als *wichtig* erscheint. Wenn zum Beispiel ein Vertrauensmann die Information zuträgt, dass Herr X am 8. Dezember 1974 einen Arztbesuch absagte, während Frau Y am 9. Dezember eine Reise verschob, so gehört das in die Registratur. Denn wer weiss schon, warum X absagte, und wer weiss, ob Frau Y nicht bereits ein Visum für Kuba hatte? Die Meldung ist an sich ein Gewinn. Für Staatsschützer gibt es keine Banalitäten. Denn nichts ist so unbedeutend, dass es nicht wenigstens eine geheimdienstliche Vermutung zuliesse.

Demzufolge ist auch nicht wichtig, ob eine Eintragung

überhaupt eine *Information* ist. Auch mit Vermutungen lässt sich trefflich arbeiten. Der Staatsschützer *muss* mit Vermutungen arbeiten. Denn seine beste Arbeit ist die, die etwas verhindert, was noch nicht ist.

Und deshalb ist letztlich auch nicht wichtig, ob eine Meldung noch etwas mit der *Wirklichkeit* zu tun hat. Es geht ohnehin um etwas Unwirkliches – ein Noch-nicht-Seiendes, das allerdings als Gespenst umgeht: in den Köpfen der Staatsschützer selbst.

Der Staatsschützer nennt derlei Gespenster *Möglichkeiten.* Er denkt berufsmässig nur an *bedrohliche* Möglichkeiten: an Gefahren. Er ist darin dem Dissuasionsstrategen verwandt. Wie dieser hält er sich so lange für realistisch in seinen Irrealitäten, als er am Bedrohungspotential sich orientiert. Der Stratege hat es dabei leicht. Er kann Soldaten und Waffen zählen; denn die Kriege sind noch immer mit ihnen gemacht worden. Der Staatsschützer hat es schwer. Die Subversion kommt nämlich nicht aus den Gewehrläufen, sondern aus den Köpfen. Die Köpfe könnte man zwar zur Not noch zählen, aber nicht die Gedanken drin. Und diese müsste man überdies noch verstehen, um ihre Gefährlichkeit zu ermessen. Schwierigkeiten über Schwierigkeiten! Jeder Staatsschützer ist deshalb froh für alles, was er auf den Fichen hat. Er wird es drauflassen, komme, was da wolle. Und falls die Wirklichkeit ganz anders ist oder sich verändert – dann um so schlimmer für sie.

Eines Tages aber holt die Wirklichkeit die Fichen ein. Sollten Sie sich jemals um eine Bundesstelle bewerben, dann wird das zuständige Departement oder Bundesamt bei der Bundesanwaltschaft wahrscheinlich eine „Sicherheitsüberprüfung" beantragen. Die Bundesanwaltschaft empfiehlt die Überprüfung „in jedem Fall", reicht das Gesuch also zur Erledigung an den Chef der Bundespolizei weiter.

Sollten Sie vor einer nicht ganz unerheblichen militärischen Beförderung stehen, dann wird das EMD, über einen anderen Amtsweg, das gleiche tun. Der Chef der Bundespolizei ist – so muss das in einer Demokratie sein – zugleich der Chef der militärischen Abwehr. Was zusammengehört, ist zusammengewachsen.

Sollten Sie sich bei einer Firma bewerben, die mit militärisch klassifizierten Aufgaben betraut ist, dann müssen Sie zur Sicherheitsüberprüfung gemeldet werden.

Sollten Sie schliesslich in einem „grösseren privaten Unternehmen" eine Vertrauensstellung suchen, dann wird auch hier die Bundesanwaltschaft behilflich sein – übrigens kollegial. Denn die Firma beschäftigt ihrerseits Sicherheitsbeauftragte, die der Bundesanwaltschaft Daten zuliefern.

Der Chef der Bundespolizei muss nun auf das Gesuch eintreten. Er empfiehlt niemals einen Bewerber. Er ist von Beruf Verhinderer. Er kann also nur entweder mitteilen, dass in der Angelegenheit „nichts zu bemerken" ist, oder er empfiehlt, „auf die Bewerbung nicht einzutreten".

Worauf stützt sich diese Empfehlung? Nicht auf das Vorstrafenregister, das ganz blank sein kann, also nicht auf den öffentlichen Leumund, sondern auf den Inhalt der Fichen und Dossiers: auf den geheimen Leumund.

Nun ist jeder Bewerber und jede Bewerberin davon abhängig, wie ein Sachbearbeiter und letztlich der Chef höchstpersönlich die Aufzeichnungen interpretiert und einstuft.

Es kann Ihnen zum Verhängnis werden, dass Sie in einem Haus wohnten, in dem früher (!) eine Wohngemeinschaft untergebracht war, deren Bewohner man für „aktive Demonstranten" oder für „Sympathisanten der linken Szene" hielt.

Es kann Ihnen zum Verhängnis werden, dass Sie zu rege Kontakte mit Menschen aus verdächtigen Ländern hatten, auch wenn nach längeren Abhöraktionen keine Erkenntnisse vorliegen.

Es kann Ihnen zum Verhängnis werden, dass Sie Ihre Herbstferien mit Vorliebe in Leningrad statt in Kalifornien verbrachten.

Und es kann Ihnen zum Verhängnis werden, dass Sie überhaupt einen aktiven Gebrauch von Ihren demokratischen Rechten machten.

Nun werden die Banalitäten eben doch wichtig. Sie bestimmen plötzlich über den langen Arm des grossen Bruders aus der Dunkelkammer Ihr Leben. Und da sich bekanntlich nichts so schnell herumspricht wie ein Geheimnis, wird die öffentliche Stigmatisierung fast unvermeidlich. Sie verlieren nicht bloss die Hoffnung auf einen Job, sondern Ihre Position in der Gesellschaft.

So verklammert ist also die geheime helvetische Sicherheitsdemokratie: Die Firma hat Sicherheitsbeauftragte; die Stadt hat Sicherheitsbeauftragte; der Kanton hat Sicherheitsbeauftragte; die Armee hat Sicherheitsbeauftragte; der Bund hat Sicherheitsbeauftragte. Nicht zu vergessen die Vertrauensmänner und Vertrauensfrauen.

Der Bund hat eine Riesenregistratur (900'000 Fichen); die Kantone haben grosse Registraturen (der kleine Kanton Basel-Stadt zum Beispiel 50'000); die Städte haben Registraturen; vermutlich haben die Vertrauensleute Registraturen und natürlich die Hobbystaatsschützer à la Cincera, die vielleicht zu den Vertrauensleuten gehören.

In der Taubenstrasse 16 in Bern, der *camera obscura* der Nation, sind sie alle, Zuträger und Registraturen, verknotet. Die Informationswege und Interaktionen des Bespitzelungsnetzes sind vorläufig nicht umfassend bekannt.

Liegt diesem paranoiden Wahnsystem ein methodischer und zynischer Plan zugrunde, oder ist es über lange Jahre aus der Logik einer verklemmten Ideologie unbemerkt, ohne dass jemand es so wollte, gewachsen?

Wir müssen mit beiden Möglichkeiten rechnen.

Falls es auf einen Plan zurückgeht, so kann man diesen wie folgt skizzieren: Da die Verwaltung prinzipiell jeder Bürgerin und jedem Bürger misstraut, hat sie sich entschlossen, die ganze Nation einer gigantischen negativen Selektion zu unterziehen. Zu ihrer Bewerkstelligung lässt sie im Prinzip alle observieren, durch ein Netz von geheimen Agenten, das zugleich die Vorteile der Zentralisierung und der Dezentralisierung hat. Wer und was immer missliebig auffällt: Es wird durch eine ebenso geheime Bürokratie registriert. Die negative Selektion aber funktioniert dann am besten, wenn wichtige Jobs zu vergeben sind. Nun muss verhindert werden, dass die Falschen in die Kaderpositionen der Verwaltung, der Armee, der Wirtschaft und der Wissenschaft gelangen. Dadurch kann das System, das ein politisch-militärisch-industriell-wissenschaftlicher Komplex ist, im Kern ideologisch intakt gehalten werden. Dass man dabei auch andere Fische fängt, eher kleine aus der Drogen- und der Terroristenszene, ist ein erwünschter Nebeneffekt, der sich zur öffentlichen Legitimation des Ganzen glänzend eignet. Im übrigen hat man jederzeit eine pauschale, unüberprüfbare Legitimation zur Hand: Was immer geschieht, es geschieht zur „inneren Sicherheit der Eidgenossenschaft".

Ein solches System wäre eine geheime, illegale, verfassungswidrige Verwaltungsdiktatur, die nach aussen das biedermännische Gesicht einer routinemässigen Demokratie mit weiten Volksrechten zeigt. Es würde insgesamt auf der politischen Lügenhaftigkeit beruhen, und zwar nicht allein gegenüber der Bevölkerung, sondern auch gegenüber den anderen staatstragenden Institutionen: den Parlamenten, den Parteien und dem Fussvolk der Justiz. Die Lügenhaftigkeit aber bestünde darin, dass bei höchstem Misstrauen gegen alle Vertrauen vorgegaukelt wird, um Vertrauen verlangen zu können; dass Öffentlichkeit gemimt wird, um erfolgreicher im verborgenen agieren zu können; dass Freiheit verbal geschützt, aber tatsächlich bestraft wird; und dass die Rechtspraxis und die Verfassungswirklichkeit im Staatsschutz mit den Gesetzes- und den Verfassungstexten nichts mehr zu tun haben. Eben in diesen bewusst eingegangenen Widersprüchen läge der Zynismus des ganzen Systems, das die Demokratie ruiniert, die es angeblich schützen will.

Falls die Misere nicht auf einem zynischen Plan beruht, sondern gleichsam unbemerkt aus der Eigendynamik einer verkalkten Ideologie erwachsen ist, müsste man sie so beschreiben: In der ideologischen Zentrierung auf ein bestimmtes Feindbild hat die Verwaltung, vorerst in Kollaboration mit der Armee und dann auch mit Teilen der Privatwirtschaft, den anfänglich gemässigten Staatsschutz sukzessive ausgeweitet. Die damit beauftragte Bundesanwaltschaft hat sich allen Kontrollen de facto weitgehend entzogen, so dass schliesslich weder der Departementschef noch der Bundesrat noch die parlamentarische Geschäftsprüfungskommission wussten, was gespielt wird. Da es andere Kontrollinstanzen nicht gab, wucherte die Bespitzelung, rein nach den Gesetzen der polizeilichen und bürokratischen Effizienz, kontinuierlich und allseitig auf das ganze Volk aus, ohne dass sich noch jemand fragte, wo denn die Grenzen der Verfassungsmässigkeit liegen und was der ganze Unfug überhaupt soll. Man war, vom Bundesanwalt bis zum Vertrauensmann, selber das Opfer einer nicht durchschauten Ideologie, in deren Namen man, subjektiv gutwillig, der Republik objektiv schweren Schaden zufügte.

Ein solches System wäre ein heimlicher Polizeistaat, der den öffentlichen politischen Staat und die ganze Gesellschaft planlos, aber effizient unterwandert hat. Es würde insgesamt auf der ideologischen Komplizenschaft beruhen, und zwar nicht allein innerhalb der Bundesanwaltschaft und ihrer Zudiener, sondern in weiten Teilen des politischen Systems. Erst die ideologische Komplizenschaft machte es möglich, dass vom ganzen Treiben niemand etwas merkte, dass so lange niemand nach mehr Transparenz der Bundesanwaltschaft verlangte und dass die Klagen einzelner über die ideologische Repression selber als ideologisches Geschwätz abgetan wurden. Man war eben verwaltungs- und insbesondere polizeigläubig. Das zeigte sich übrigens auch, wo sie, nicht als politische und geheime, sondern als öffentliche Ordnungspolizei im Auftrag der Politiker in politische Auseinandersetzungen eingriff. In kaum einem europäischen Land wurde ihr eine vergleichbare Brutalität im Umgang mit Jugendlichen (alle Ideologen haben Angst vor der Jugend!) zugebilligt, und vielleicht nirgends gab es so viele ideologisch fixierte Bürger, die praktisch mit jedem Vorgehen der Polizei einverstanden waren.

Was näher bei der Wahrheit liegt: ob die geplante zynische Verwaltungsdiktatur im Namen einer negativen Selektion oder der nicht geplante geheime polizeiliche Unterwanderungsstaat in der ideologischen Komplizenschaft, wird sich erst entscheiden lassen, wenn der Stall des Augias ausgemistet ist. Was immer er war – eine Demokratie jedenfalls nicht, sondern eine Ausgeburt des ideologischen Zeitalters (West-Ost-Blockbildung), die eine tiefe Vertrauenskrise hinterlässt. Denn das Faktische steht, obwohl in der Tragweite nicht erkannt, fest: Vielleicht über Jahrzehnte, gewiss aber über 15 Jahre wurde ein Volk von einem Teil – wie man sagt – seiner „Diener" bespitzelt, getäuscht und zum Narren gehalten.

Sollte es sich mit den Änderungen zufriedengeben, die am 19. Januar 1990 das Eidgenössische Justiz- und Polizeidepartement ankündigte, so wäre es noch einmal genarrt und gedemütigt, durch die Zustimmung aber nicht ohne eigene Schuld. Denn diese Reformen gewähren weder ein unbeschränktes Einsichts- und Berichtigungsrecht noch fragen sie nach den Verantwortlichen für den jahrelangen Rechts- und Verfassungsbruch noch tragen sie dem Faktum Rechnung, dass die Verwaltung in diesem Bereich jegliches Vertrauen verloren hat und dass somit keine Reform akzeptabel ist, die wiederum die Bürger und Bürgerinnen zum Vertrauen in die Bundespolizei verpflichten will. Dieses Spiel ist aus – und ich denke: Es ist gut so. Ein Land mag vielleicht nicht ohne jeglichen Staatsschutz auskommen. Aber mit *diesem* Staatsschutz verliert es seine Würde.

Es kommt aufs selbe

Endlich wissen wir nicht nur, *wer* Rico war, sondern auch gleich, *wie* er war: militärisch und beruflich – es kommt aufs selbe – absolut zuverlässig: patriotisch und doch weltoffen, tatkräftig und doch besonnen, im Entscheidenden unnachgiebig und doch liberal, entschlossen hart, aber dennoch unscheinbar freundlich. Und über alles: verschwiegen, verschwiegen – wie ein Versicherungsagent. Das war er ja auch – militärisch und beruflich: es kommt aufs selbe – Vizedirektor erst der Nationalversicherung, dann Direktor der zu Tode versicherten Nation – aber verschwiegen, verschwiegen! Ein Ehrenmann.

Doch von den Vierhundert: da wissen wir noch nicht, *wer* sie waren. Aber wir wissen schon, *wie* sie sind: militärisch und beruflich – es kommt aufs selbe – absolut zuverlässig; patriotisch und doch weltoffen, tatkräftig und doch besonnen, im Entscheidenden unnachgiebig und doch liberal, entschlossen hart, aber dennoch menschlich und freundlich. Und über alles: verschwiegen, verschwiegen. Die letzten Garanten einer zu Tode gesicherten Nation. Verschwiegen, verschwiegen und Ehrenmänner.

Wer patriotisch und militärisch denkt – es kommt aufs selbe –, der *fragt* nicht weiter. Er legt die Hände an die Hosennähte und stammelt seine Ehrenerklärungen für andre; denn er weiss, *wie* sie waren, obwohl er, angeblich, nicht weiss, *wer* sie sind. Das verträgt sich übrigens gut. Denn es rührt vom schönen Vertrauen her in die Demokratie und die Armee – das kommt aufs selbe – und vom Bedürfnis, ganz sicher gesichert zu sein: wodurch und durch wen auch immer – lieber zu Tode als gar nicht.

Wie richtig es doch war, dass unser glückloser Kaspar, der Bundesrat in corpore, die Spitze der Armee, die so ehrenwerten Geheimräte der P sechs- und siebenundzwanzig und der grosse Teil der beiden Parlamente *nicht* – es kommt aufs selbe – weitergedacht und weitergefragt haben. Denn was wir nun brauchen, nachdem wir Rico nicht mehr brauchen, sind – es kommt aufs selbe – vierhundert glaubwürdige Augenwischer, damit der Schlaf der Gerechten sofort weitergehen kann. Nichts gewusst ist halb gewonnen. Die Krisen sind herbeigedacht, herbeigeredet. Von wirklicher Staatskrise keine Spur! Es ging uns noch nie so gut. Wer arm wird, ist selber schuld. Die Fichen waren gut gemeint. Die Geheimarmee war gut gemeint. Der Verzicht auf die parlamentarische Kontrolle war gut gemeint. Die Informationslügen waren gut gemeint. Der Abbau der Demokratie im Namen der Demokratie war gut gemeint. Überhaupt: Alles war gut gemeint, obwohl man von vielem und vielen nichts wissen wollte. Es kam aufs selbe.

Es sei denn, man fragt weiter:

Wenn Bürger sich durch die Armee oder durch die Regierung in eine illegale Geheimorganisation anwerben lassen, von der sie wissen, dass sie illegal ist, weil sie sie so peinlich verschweigen müssen: Machen sie sich dann schuldig oder nicht?

Wenn eine Regierung die Augen zudrückt und das politisch-rechtliche Bewusstsein ausklinkt, um einer vom Militär vorgeschlagenen, verfassungswidrigen Organisation besser zustimmen und sie leichter gewähren lassen zu können: Bricht sie dann das Gesetz oder bricht sie es nicht? Und falls sie es bricht: Darf man sie als Regierung tolerieren, wie wenn nichts geschehen wäre?

Wenn das Parlament seiner Pflicht zur Kontrolle nicht nachkommt, weil es höchst unpopulär wäre, die Armee zu kontrollieren, und weil es den obersten Augenwischern in unüberbietbarer Naivität glaubt: Müsste es da nicht abgewählt und ersetzt werden?

Mir scheint: Rico und seine Kumpanei – diese Ehrenmänner – haben sich schuldig gemacht, es sei denn, man spreche ihnen die Verantwortungsfähigkeit ab. Aber sie sind vielleicht die in dieser Sache Unschuldigsten unter den Schuldigen.

Herr Villiger, der Bundesrat und auch gewisse Führer der Armee haben – sei es aktiv oder in passiver Zustimmung – die Verfassung gebrochen, und es gibt keinen politischen Grund, sie zu verschonen.

Das Parlament ist seiner Pflicht nicht nachgekommen, ja es legitimiert selbst im nachhinein den Verfassungsbruch öffentlich. Es hat über Jahre versagt und versagt auch jetzt in der Debatte.

Es sei denn, es kommt aufs selbe, ob man als Bürger und Politiker die Verfassung bricht oder nicht bricht. Wenn es nicht aufs selbe kommt – und dieser Meinung bin ich –, dann müssen die Fehlbaren zur Verantwortung gezogen werden, falls der Zerfall der Demokratie überhaupt noch aufgehalten werden soll. Auch die Folgenlosigkeit, in der wir die Weltmeister sind, ist ein Weg in den Niedergang.

Welche Schweiz feiern wir?

Es ist nun mal beschlossen worden zu feiern, und zwar ab Januar 1991. Aber niemand weiss, *was* gefeiert werden soll. Oder doch? Man hat sich jedenfalls darauf geeinigt, all diese Feiern – es werden Dutzende von Veranstaltungen sein – unter *einen* Titel zu bringen: 700 Jahre Eidgenossenschaft. Natürlich hören alle mit: 700 Jahre Schweiz. Der Assoziation wird graphisch auf allen offiziellen gedruckten Verlautbarungen nachgeholfen mit dem Symbol des sich herausbildenden Schweizerkreuzes. Überdem wissen wir es ja von der Schule her: Anfang August 1291 haben die drei Waldstätte Uri, Schwyz und Unterwalden einen „Ewigen Bund" gegen Habsburg geschlossen – und ebendies war die Geburtsstunde der Schweizerischen Eidgenossenschaft. Mit dem 1. August 1990 begänne also das 700. Jahr.

Daran ist mehr unrichtig als richtig. Die Urkunde des Bundes von 1291 ist bekanntlich erhalten. Sie *erneuert* ausdrücklich ein früheres Bündnis. Wann dieses geschlossen wurde, ist umstritten. Sicher ist nur, dass die runde Zahl *nicht* stimmt.

Und schon gar nicht ihre Deutung. Der Bund von 1291 hatte nicht das geringste mit der Herauslösung einer neuen Republik aus dem mittelalterlichen deutschen Reich zu tun. Im Gegenteil: Die wirtschaftlichen und sozialen Rechte der Grundherren wurden anerkannt. Man wollte im wesentlichen eigene Richter und eigenes Recht haben und sich dauerhaft der Solidarität und im Notfall des Beistandes der Nachbarn gewiss sein. Eigentlich ist der Bund ein *Lokal*ereignis innerhalb der *deutschen* und keinesfalls ein *Zentral*ereignis der *schweizerischen* Geschichte. Oder präziser: Der Bund der Waldstätte war eine *deutsche Eidgenossenschaft.*

Was schliesslich die Assoziation betrifft: Das Kreuz im roten Feld ist wahrscheinlich älter als der erste Bund. Die Schwyzer nämlich stellten dem raffgierigen Grafen Rudolf III. von Habsburg freiwillig Soldaten zur Verfügung – in der Hoffnung, den Freiheitsbrief von 1240 bestätigt zu bekommen. Statt dieser Bestätigung erhielten sie eine rote *Reichssturmfahne* mit dem *Christuskreuz* als *Feldzeichen.* Sie ist das Urbild unserer Fahne. Krieg, Blut und Glauben ist ihre ursprüngliche Symbolik. Man möchte sich eine bessere Herkunft wünschen. Wer heute darauf noch schwört, ist entweder ein Ignorant oder ein gedankenloser Mensch.

Feiern wir also eine spätere Schweiz? Aber welche?

– Die Eidgenossenschaft der acht Orte, in der die Städte Luzern, Zürich und Bern die ländlichen Orte, die noch Leibeigenschaft und Hörigkeit kannten, zunehmend dominierten?

– Die Eidgenossenschaft der 13 Orte (ab 1513), die in ihrer fast dreihundertjährigen Dauer durch Reformunfähigkeit politisch verkam?

– Den so oft geschmähten frankophilen Einheitsstaat,

die Helvetik (1798–1803), der uns die Anerkennung der Menschenrechte brachte? Oder das napoleonische Gegenkonzept, die föderative Mediation (1803–1813)?

– Die restaurative Eidgenossenschaft (1815–1830): jenes erzkonservative Mitglied der „Heiligen Allianz" Metternichs?

– Die repräsentative Demokratie des Bundesstaates (1848–1874) oder die gegenwärtige halbdirekte?

Ich vermute: Weil wir nicht wissen, was wir feiern wollen, werden wir entweder etwas Irreales feiern, zum Beispiel die Totalität der Utopien, die uns 1991 einfallen (was ja harmlos, aber noch kein Grund zum Feiern ist), oder wir werden uns (und dies ist gefährlicher) etwas in die Tasche lügen und dann ein helvetisches Halleluja inszenieren. Zum Beispiel 700 Jahre Freiheit, Demokratie und multikulturelle Toleranz.

Von wegen! Bis 1803 gab es nur autonome *deutschsprachige* Stände. Wie wollen also die Romandie, das Tessin und Graubünden die *700 Jahre* feiern?

Die alte Eidgenossenschaft gründete, was immer man Gutes an ihr sonst finden mag, bis zum Ende des 18. Jahrhunderts auf Untertanenverhältnissen, feudaler Privilegienwirtschaft, Geldaristokratie, Menschenrechtsfeindlichkeit und Folterjustiz. Napoleon hat uns aus diesem Alptraum befreit.

Es gibt eben keine durchgehende Identität der Schweiz in ihrer Geschichte. Hinterwäldlertum steht neben verwegener Grossmachtpolitik; Freiheitsbewusstsein neben Untertanengeist; kühne Demokratieversuche neben reaktionärer Feudalkorruption; politische Solidarität neben abscheulicher sozialer Ausbeutung. Eine 700-Jahr-Feier, die notwendigerweise auf geschichtliche Dauer und darin auf Kontinuität angelegt ist, muss in einem Fiasko enden.

Wir feiern ohnehin zur falschen Zeit! 1998 liessen sich zumindest zwei sinnvolle Anlässe finden: der *Untergang des Ancien Régime* vor 200 Jahren und die *Gründung des Bundesstaates* vor 150 Jahren. Sie sind die zentralen Ereignisse für die moderne Schweiz. Das erste brachte uns die Anerkennung der Menschenrechte, das zweite überhaupt den Anfang der multikulturellen Demokratie. Beide Ereignisse betreffen die *ganze* Schweiz, und beide könnten, in einigen Jahren, auch von allen mitgefeiert werden.

Aber in diesem und im nächsten Jahr ist der Zeitpunkt zum Feiern schlecht gewählt. Zehntausende von Bürgerinnen und Bürgern werden nicht nur erfahren, *dass,* sondern *wie* die politische und die militärische Geheimpolizei sie beschnüffelt hat. Es wird ihnen dieses abstruse, dichtgeknüpfte Netz des staatlich organisierten Denunziantentums zum Bewusstsein kommen und der Wahnwitz der mehrfach geführten, mit Nichtigkeiten angefüllten Fichen und Dossiers. Fichen bei der Bundespolizei; Fichen bei der Armee; Fichen beim Kanton; Fichen in den grösseren Städten; Fichen in den Betrieben. Und für sie alle Profi- und Hobby-Denunzianten: Polizisten mit und ohne Uniform, andere Beamten, sogenannte „Kameraden" in der Armee, nette *Mit*arbeiter im Betrieb, harmlose Nachbarn, Hausmeister und dergleichen Biedermänner. Im Dunkel eine Stasi-Realität; im Licht ein Demokratie-Spiel. Was war das nur für ein Land der politischen Heuchler! Eine ehrlose Allianz von ideologisierter Politik, Armee, Kapital und höchster Justiz unterhöhlte die ganze Demokratie – angeblich, um sie zu retten. Sie scheute auch nicht davor zurück, die KZs für den Tag X vorzubereiten und die künftigen „Verräter" im voraus zu bestimmen.

Die Kulturschaffenden gehörten, neben mehreren anderen Gruppen, zu den meist observierten Bürgerinnen und Bürgern. Wenn viele unter ihnen heute nicht bereit sind, Aufträge für die Feierlichkeiten anzunehmen, so handeln sie nur rational und konsequent. Was immer gefeiert werden mag: *diesem* Staat, der ihnen über Jahrzehnte so tief misstraut hat, der sie getäuscht, belogen, bespitzelt und zuweilen auch denunziert hat, diesem verräterischen Staat geben sie keinen Kredit mehr, auch nicht durch ihre Werke. Wenn *er* das sein sollte, was in 700 Jahren angeblicher Demokratie herangereift ist, so sagten sie mit Recht: „Uns reicht's. 700 Jahre sind genug!"

Soll man also die Feiern boykottieren? Ich persönlich bin für den unbedingten *Auftrags*boykott, aber nicht für den *Kultur*boykott (ein dummes Wort!). Ich bin *nicht* für das Schweigen angesichts der Feierlichkeiten, sondern für die Kritik der Republik und ihrer Feier. Denn in der Art der Feier wird sich manches zeigen – und wir müssen dieses zum Bewusstsein bringen. Selbst wenn alles in der Verlogenheit enden sollte, müsste man diesen „Festschwindel"

(Keller) und dieses „Festlumpentum" (Gotthelf) aufdekken. Es könnte zu einem politischen Lehrstück werden.

Aber ich bin *gegen* jede Aufforderung an Kulturschaffende, sich der Boykottbewegung anzuschliessen und übernommene Aufträge zurückzugeben. Die Freiheit ihrer persönlichen Entscheidung ist mir wichtiger als die Geschlossenheit einer kollektiven Aktion. Überdem ist jede Aufforderung mit Erwartungen verbunden und übt einen Druck aus. Wird ihr nicht Folge geleistet, so stellt sich unweigerlich Enttäuschung ein, die zum Nährboden für Projektionen und Unterstellungen wird. Nun glaubt man zu wissen, dass der andere nicht bloss anderer Meinung ist, sondern böse oder geldgierig oder korrupt. Zu Hass und Hexenjagd ist nur noch ein Schritt.

Wer sich diesem Mechanismus anheimgibt, handelt gegen einzelne Kolleginnen oder Kollegen so, wie ehemals die ideologisierte Macht gegen die Kulturschaffenden insgesamt gehandelt hat. Er redupliziert die Macht, die er bekämpfen möchte, und er vertauscht die Objekte seiner Empörung. Ebendies darf auf keinen Fall geschehen. Denn es käme nachträglich einem Sieg der Macht über ihre Opfer gleich.

Der Fächer der Utopien

Wer vor den Parlamentswahlen sich fragt, *wen* er wählen solle, mag in Verlegenheit kommen. Ein ideologisches Stützkorsett („ich wähle nur *diese* Partei"), eine Lust zur Bestrafung („*der* soll auch mal spüren, was es heisst, Parlamentarier zu sein!") oder das Kopf-Zahl-Spiel mit einer Münze („endlich eine *gute* Wahl!") könnten ihm helfen, falls er Sinn für Ironie hätte. Wer aber fragt, *warum* und *wozu* er wählen soll, ist verloren. Er wird nicht aus Dankbarkeit für das abtretende Parlament an die Urnen gehen. Eher wird er, wenn er schon so dumme Fragen stellt, vergrämt urteilen: Dieses Parlament war der institutionalisierte und demokratisch gewählte *Widerstand* gegen die Demokratie – nicht gegen die, die wir *haben*, sondern gegen die der Vernunft. Die Aussicht auf die nächsten vier, mit Sicherheit ähnlichen Jahre könnten ihn verzweifeln lassen: „mir reicht's, und hinfort ohne mich" – wenn es nicht jene Ideen im Hinterkopf gäbe: den Fächer der Utopien.

Was heisst „Utopie"?

Wenn wir die Wörter „Utopie" und „utopisch" umgangssprachlich gebrauchen, bezeichnen wir damit etwas Irreales und Illusionäres. So sagen wir etwa von der Idee einer weltweiten gerechten Güterverteilung: „Das ist ja völlig utopisch" und meinen damit, dazu werde es nie und nimmer kommen. Utopien in diesem pejorativen Sinn sind realitätsferne Phantasien und Träumereien.

An der abwertenden Bedeutung ist der erste Wortgebrauch nicht ganz unschuldig. Im Jahr 1515 beschrieb Thomas Morus das glückliche Leben eines Gemeinwesens, dessen Institutionen nach der besten Verfassung eingerichtet sind. Er nannte dieses Land, eine Insel, Utopia: Nirgendwo. Utopia war somit der Eigenname für etwas, das es nicht gibt. Das Moment des Irrealen war mit Bedacht in den Namen gelegt, vielleicht mit dem Beiklang: was *noch* nicht ist, muss deshalb nicht unmöglich sein.

In der Folge nannte man Utopie einen Text, der ein glückliches fiktives Gemeinwesen beschrieb. Eine literarische Gattung entstand, die über die Renaissance auf die Antike zurückwies: auf Platons „Politeia" und Augustinus' „Götterstaat".

Wenn alle glücklichen Gemeinwesen das miteinander gemeinsam haben, dass sie nicht existieren, so müssen die existierenden unglücklich sein, obwohl sie sich vielleicht für glücklich halten. Aus diesem Gedanken entstanden in unserem Jahrhundert die negativen und schwarzen Utopien: die Beschreibungen eines gesellschaftlichen Unglücks, das es zwar so noch nicht gibt, das aber bereits angelegt und somit real möglich ist. Sie beschreiben mögliche finstere Zukünfte.

Eben dies: mögliche Zukünfte, seien sie nun glücklich oder unglücklich, verstehe ich im folgenden unter Utopien. Aus der Betrachtung der Welt erwachsen uns Hoffnungen, Sorgen und Ängste, und aus diesen entwirft die Phantasie mögliche Zukünfte: Apokalypsen, Alternativen und Visionen. Ihr gemeinsamer Sinn ist das Verhindern der Katastrophe, das Erproben neuer Lebensformen und die Optimierung des Gemeinwesens. Verwirklicht oder verpasst werden sie im politischen Handeln, und dieses wird, zu einem Teil, durch die Wahlen in bestimmte Bahnen gelenkt. Durch den Fächer der Utopien lernt man also verstehen, *wozu* man wählt.

Apokalypsen

Die apokalyptischen Utopien offenbaren, wohin wir treiben. Sie sind nicht etwa prophetische Unheilsvisionen, sondern nüchterne Extrapolationen: Verlängerungen von Entwicklungskurven in bestimmte Zeiträume. Sie bestehen aus lauter Wenn-dann-Sätzen, etwa von der Art: Wenn die Weltbevölkerung bis zum Jahr 2050 in der gegenwärtigen Geschwindigkeit weiterwächst, dann wird es – riesige Schadenereignisse ausgenommen – in 65 Jahren elf bis zwölf Milliarden Menschen geben. Sie werden das System der Natur so belasten, dass ...

Wir können eine grosse Anzahl solcher apokalyptischer Utopien aufstellen: Wenn wir die Ressourcen weiterhin so plündern, dann ... Wenn wir die Dritte und Vierte Welt durch Zinslasten weiterhin so auspowern, dann ... Wenn wir in einem nuklearen Krieg ein Drittel der Bestände zünden, dann ... Wenn wir in der zunehmenden Zentralisierung der Produktion immer grössere Risiken eingehen, dann ... Jede dieser Utopien ist in ihrem Wesen nur eine Komponente der umfassenden Apokalypse. Aber sie hat die Kraft, alles in die Zerstörung einzubeziehen und ist insofern der Möglichkeit nach total und planetarisch.

Dass wir die möglichen Apokalypsen jederzeit vor Augen haben, ist von zentraler Wichtigkeit. Denn aus ihrer Vergegenwärtigung kann der minimale Konsens über das erwachsen, was auf jeden Fall zu *verhindern* ist. Sie bewahren uns vor dem Hineinschlittern in die planetarische Katastrophe und motivieren uns zum Aufbruch in eine alternative Welt.

Alternativen

Auch in der Bedrängnis durch planetarische Krisen wird eine weltumfassende Veränderung des gesellschaftlichen Verhaltens nicht rasch möglich sein – bei uns vermutlich auch nicht eine landesweite. Aber immer ist die Veränderung des individuellen Verhaltens oder der Lebensweisen kleiner Gruppen möglich. Der Sprung in eine alternative Experimental-Utopie kann jederzeit geschehen.

Die experimentellen Utopien bleiben nie im Verbalen stecken. Sie verwirklichen lokal die Welt, von der andere träumen. Sie sind der Kern aller Verwirklichung, falls diese frei bleiben soll. Sie können bloss punktuell sein. So kann ich zum Beispiel mit Energie sparsamer umgehen, was immer die allgemeine Statistik aussagen mag. Sie können aber auch ein ganzes Leben vollständig verändern und es in einen Raum der Vernunft stellen, in dem das Gemeinwesen als Ganzes vielleicht nie stehen wird. Ihr stolzer Grundsatz lautet: Et si omnes, ego non. („Und wenn alle den Unsinn mitmachen, ich nicht.") Ihre Schwäche ist die indirekte Abhängigkeit von der Aussenwelt, die sie auf die Länge erdrücken kann, und ihre Gefahr ist der Abfall ins abseitig und apokalyptisch Private. Deshalb stellt sich die Frage, woran sie sich orientieren sollen.

Visionen

Die Fixpunkte der Orientierung kommen aus den visionären Utopien der politischen Vernunft. Es sind positive Utopien, die uns nicht mehr, wie einst bei Thomas Morus, die konkreten institutionellen Einzelheiten des gesellschaftlichen Lebens in die Hand geben, sondern lediglich eine Anzahl von Regulativen. Diese könnten für uns heute etwa sein: die Vereinbarkeit von Kultur und Natur (damit die Geschichte nicht an der Zerstörung der Natur ihr Ende findet), die Vereinbarkeit von Heimat und Welt (damit die Solidarität nicht an nationalen Grenzen aufhört), die Vereinbarkeit von sozialer Gerechtigkeit mit Freiheit (damit kein Grundrecht zum Privileg und keines zur Vergewaltigung ausartet) sowie die Vereinbarkeit von Fortschritt und Wohlbefinden (damit die technischen Errungenschaften nicht zum Feind des Menschen werden). Die Anzahl derartiger Regulative ist offen; aber ihre bindende Kraft wird grösser sein, wenn es nicht allzu viele sind. Ihre Stärke liegt darin, dass sie alles politische Denken und Handeln in wenigen Brennpunkten sammeln. Aber der Konsens für sie ist politisch nicht selbstverständlich. Warum soll *ich* denn wollen, dass es keine Privilegien gibt, wenn ich doch zufällig ihr Nutzniesser bin? Die Argumente für sie kommen erst aus dem Zusammenhang der Utopien.

Die Trias

Ohne die apokalyptischen Utopien hätten wir kein angemessenes Krisenbewusstsein. Gäbe es aber nur sie, so wäre Politik bloss das Verlangsamen der hereinbrechenden

Katastrophen. Sie könnte zur totalitären Katastrophen-Prophylaxe degenerieren, die den Lebensraum des einzelnen verengt und sich die Optimierung der Gesellschaft schenkt.

Ohne die alternativen Experimental-Utopien fehlte dem utopischen Bewusstsein ein existentielles Moment. Gäbe es aber nur sie, würde die Welt zum nahezu apolitischen Spielfeld der persönlichen Glücksvorstellungen, in das sich die Katastrophen mit Unerbittlichkeit einfressen.

Ohne die Zielvorstellungen der positiven Utopien bliebe die Politik ohne Substanz. Gäbe es aber nur sie, so wäre alles gemeinschaftliche Handeln in der Gefahr der positiven Verirrung und der damit verbundenen Gewalt.

Die positiven Utopien müssen deshalb für die experimentellen offen und sie müssen mit diesen im Blick auf die apokalyptischen konzipiert sein, so wie die apokalyptischen offen bleiben müssen für die individuellen Alternativen und den gemeinsamen gesellschaftlichen Wandel. Dass man die Gefahren jederzeit sieht, dass man individuell konkret etwas gegen sie tut und gemeinsam für eine bessere Gesellschaft kämpft: das ist der Sinn des dreifachen utopischen Bewusstseins.

Und die Wahlen

Man kann zwar als Einzelkämpfer gegen die Zerstörung der Natur, gegen die wahnwitzigen Risikobelastungen einer Agglomeration, gegen die Privilegierung von Klassen, Geschlechtern, Lebensaltern u.a.m. angehen. Aber das hat fast immer einen Anflug von Lächerlichkeit aus Ohnmacht. Was den Lebensraum des einzelnen überschreitet, soll er nicht allein in Ordnung bringen wollen, und was alle angeht, müssen auch alle bereinigen. Dafür ist die Politik geschaffen: etwas *gemeinsam* zu erreichen, was man allein nicht bewirken kann. Sie wird bei uns auf vielen Ebenen geführt, auch auf solchen, die in der Verfassung nicht vorgesehen sind. Eine der vorgesehenen ist die Repräsentation, an der kaum ein politischer Weg vorbeiführt. Es hilft deshalb wenig, über das Parlament zu klagen. Man muss ein besseres wählen. Besser wäre eines, das die Krisen nicht leugnet, sondern etwas zu ihrer Lösung beiträgt, das die Freiräume für Alternativen nicht einengt, sondern öffnet, und das nicht im Wahn Politik macht, dass wir die beste der möglichen Gesellschaften schon haben und deshalb nichts Wesentliches verändern müssen.

Die apokalyptischen Utopien sind die einzigen, zu deren Verwirklichung keine Wandlung nötig ist. Die Katastrophe ist das Geschenk der aus dem Sitzfleisch resultierenden gesamtgesellschaftlichen Dummheit. Wer also Lust am Untergang hat – was es ja geben soll –, braucht sich nur den besonders klugen Wahl-Spruch eines deutschen Generalsekretärs für den Eigenbedarf umzuformen: „Mach weiter so, Helvetia!"

Vom Genuss synthetischer Gewalt

Amerika hat einen neuen Helden. Er heisst Rambo, ist wortkarg, nicht besonders helle, aber sehr athletisch gebaut, halb als Tarzan ent- und halb als Indianer verkleidet, und er korrigiert im Alleingang, aber versehen „mit den besten Waffen der Welt”, die Geschichte. Er mäht ganze Vietkong-Bataillone samt ihren russischen Offizieren nieder, jagt Siedlungen in die Luft, holt Schwärme von feindlichen Helikoptern vom Himmel und befreit schliesslich einige Vietnam-Veteranen aus den geheimen Folter-Lagern des Vietkong. Er tut es, so anständig ist er, aus purer Vaterlandsliebe, obwohl sein Land, in die Hand der Verräter gefallen, ihn fünf Jahre wegen Tapferkeit in Vietnam in ein Straflager gesteckt hat! Aber so anständig wird nun auch das Land: Es bedankt sich mit einer Tapferkeitsmedaille, lässt Rambo frei, macht dem Kalten Krieg gegen die „Helden von Vietnam” ein Ende und rehabilitiert jenen „noblen Krieg”, weil es die Botschaft Rambos versteht: „Ich will siegen und überleben.”

Obwohl der ganze Streifen schlicht und einfach ein faschistischer Kitsch ist, kann man noch verstehen, dass er als Geschichtsersatz neurotisierte „Helden” und eine „gefallene Nation” aufzurichten vermag. Welcher Krieger kann schon auf die Dauer mit dem Bewusstsein leben, dass er widerwillig alles befördert hat, was er verhindern wollte, und welche Weltmacht mit der Einsicht, dass die Macht, die aus den Gewehrläufen kommt, schwach ist?

Da hilft nur eine Dolchstosslegende: Es ist *so* gekommen, weil es im *eigenen* Lager zu viele Verräter gab. Ohne sie hätten wir es geschafft. Und deshalb sind *wir*, die Kämpfenden, vor der Geschichte entschuldigt.

Aber was kann *hierzulande* manchen an dem Film faszinieren? Es wird kaum das ideologische Interesse sein. Die Infamie, mit der in den militärischen Feinden durchwegs die politischen gezeichnet sind: *die* Kommunisten, ist zu läppisch aufgetragen. Es ist vermutlich eher ein Identifikationsverlangen mit dem Bodybuilding-Helden, der aus Brekers Atelier entlaufen sein könnte. Und es ist höchstwahrscheinlich das Spektakel der Gewalt als solches, das manchen aus einer Frustration auch jenseits von Vietnam befreit.

Diese Frustration ist der geschichtlich wachsende Zwang, Probleme auf allen Ebenen des Daseins nicht mehr durch Gewalt zu lösen. Er beraubt uns der so schnellen und ökonomischen Verfahren, in denen, im Idealfall, keine Regeln uns begrenzen und nur der andere die Verfahrenskosten trägt. Ein Druck am Abzug, und das Problem ist bereinigt. Wenn das nicht mehr erlaubt ist, muss man den Verstand, die Sprache und die Vernunft bemühen, im Kompromiss einen Teil der Kosten tragen und auf das Prestige als Sieger verzichten. Die Vernunft spielt remis. Das ist nicht nur unbequem und zeitraubend, sondern auch demütigend, falls man irgendeinem Wahn der Stärke verfallen ist. Und es ist für viele offenbar langweilig, buchstäblich blutlos und jenseits der Sinnlichkeit – ohne „Sensation". Vielleicht gibt es für manchen sogar ein Wahrheits-Problem. Der Zwang zur Gesittung überdeckt die Welt mit einer künstlichen Haut, unter der sie doch blutig ist. Die synthetische Oberfläche aber reisst schnell und vielerorts. Im Grunde, so kann es dann scheinen, herrscht doch die Gewalt, in der Geschichte ebenso wie in der Natur. Also machen wir uns nichts vor. Wir durchstossen die Haut bloss nicht, weil das eine andere, eine strafende Gewalt auf uns zöge.

Wie behilft man sich, wenn man in immer enger werdenden Grenzen einer Gesittung leben muss, sich darin weder frei noch besonders wahrhaftig vorkommt, aber es dennoch vorzieht, sich um der Folgen willen zu fügen? Man verlegt die „Wahrheit" und die „Freiheit" in die Imagination, und diese unterstützt man durch eingekaufte Symbole: Texte, Bilder, Filme. Eine erfundene Welt aus Cellophan, eine synthetisch synthetische Welt, wird dann als wahrer empfunden als die synthetisch reale. Der Voyeur hält sich für den Sehenden. Und da Sehen kein passiver Konsum ist, sondern eine Art des Erlebens, ist man *dabei,* schon fast selber ein Täter, fast selber ein Held.

Das Angebot an Ersatz ist unerschöpflich. Es gibt sich meist verschämt, das heisst moralisch. Es zeigt Gewalt, aber lehrt, dass sich Gewalt nicht lohnt. Es genügt dann beiden Welten: der blutigen und der gesitteten, und kann deshalb von den meisten Menschen mit gutem Gewissen konsumiert werden. Oder es gibt sich unverschämt, wird brutal und sadistisch und genügt sich in der nackten Exhibition der Gewalt. Dann ertönt der Schrei nach Zensur, als ob allein die Gewalt, die ungestraft bleibt, die Gewalt propagiere. Das ist ein Irrtum. Denn über die Gewalt, die sich nicht lohnt, siegt wieder eine Gewalt, die sich offenbar lohnt, und das propagiert zumindest selektiv die Gewalt. Gerade das könnte gefährlicher sein. Denn die nackte Exhibition rechtfertigt sich nicht, und vor ihr schützt der Ekel. Die verschämte dagegen unterläuft den Ekel, erhebt sich zur Pflicht und entlastet den Genuss vom schlechten Gewissen.

„Rambo" hält sich übrigens an der Grenze. Der Film provoziert den Ekel vor der Gewalt der Feinde und legitimiert eine Gewalt ohne Grenzen des Befreiers. Widerlicher als jeder physische Gewaltakt ist allerdings seine mentale Gewalt: Man kann auch allein gegen alle siegen, wenn man nur patriotisch, entschlossen und richtig bewaffnet ist. Der Film ist nicht zufällig in einer Zeit gedreht, in der die USA die Strategie des Gleichgewichts des Schreckens schrittweise in eine Strategie des Sieges durch Unverwundbarkeit verwandeln. Er ist nicht ein Propagandafilm für die individuelle rächende Gewalt, sondern für den kommenden Krieg, der zwischen Unverwundbaren und Besiegbaren geführt wird. Das macht ihn politisch gefährlich.

Dem unerschöpflichen Angebot von synthetischer Gewalt entspricht bekanntlich ein massenhafter Konsum. Es ist doch eigenartig, dass Menschen fast jeden Alters ohne den täglichen simulierten Mord nicht mehr auskommen. Die Erklärung, dass eine geschickte und kapitalkräftige Industrie das Bedürfnis erst schafft, das sie dann auch befriedigt, ist offensichtlich falsch. Kein noch so realer Sozialismus kommt an dem Bedürfnis vorbei. Zudem sind es ja auch bei uns die staatlichen Monopolmedien, die uns frei Haus beliefern. Hat also der Staat selber ein Interesse am Genuss der Gewalt?

Ohne Zweifel. Er befriedigt nicht bloss ein Bedürfnis seiner Bürgerinnen und Bürger. Er selber ist das Produkt jenes Prozesses, durch den die blutige Gewalt unter der Haut der Gesittung verschwindet, und er ist die gesetzliche Gewalt, die die blutige unterdrückt. Er kann den Sieg seiner Ordnung nur in ihrer Wiederherstellung zeigen. Die Dramaturgie seiner Selbstdarstellung verlangt die Gewalt. Ohne diese wäre er einer sichtbaren Legitimation beraubt. Er müsste dann seine *eigene* Gewalt entblössen, paradoxerweise in Bildern des Glücks, die ihm niemand glaubt. Vor allem Diktaturen haben sich damit oft lächerlich gemacht. Zugleich muss er den Willen zur blutigen Gewalt in seinen Bürgern wachhalten. Denn nichts garantiert ihm unerschütterlich, dass seine Ordnung auch von aussen auf alle Zeiten respektiert wird. Er ist somit in der heiklen Lage, dass er sowohl den Sieg *über* die blutige Gewalt als auch den Sieg *der* blutigen Gewalt propagieren muss. In beiden Fällen braucht er Geschichten und Bilder, die die Masse erreichen. Seine Sorge ist lediglich die Gefahr, dass sie auf ihn zurückschlagen könnten, sofern sie die Bürgerinnen und Bürger verrohen. Und genau an dem Punkt dämpft er mit der Zensur.

Der Staat wird uns also weiter beliefern, mit Krimis und Western, die vom Sieg des Gesetzes und der Ordnung über die willkürliche blutige Gewalt handeln, und gelegentlich auch mit Kriegsfolgen, die den Sinn der staatlich befohlenen blutigen Gewalt zeigen. In beiden Fällen stellt er sich selber dar. Die Bürgerinnen und Bürger werden ihm für den Blick unter die Haut danken, auch wenn er schnell abgedeckt wird. Dass er einzelne zur Gewalt verleitet, ist eine in Kauf genommene Panne der Wirkung, die einer ganz anderen Absicht dient: den Gehorsam in der Masse zu stärken.

Die Enttäuschung auf den Fersen der Flucht

Seit Wochen kommen sie in die Bundesrepublik – über Ungarn, Polen und die Tschechoslowakei – die Flüchtlinge aus der DDR. Sie lassen fast alles zurück: ihr Geld, das im Westen nahezu wertlos ist, ihre Wagen, die im Produktionsland von Mercedes, BMW und Golf zum Gespött würden, einen gesicherten Job, oft auch Freunde und eine durch die Politik vergellte Heimat. Über 40'000 sind es mittlerweilen – und ein Ende ist nicht abzusehen.

Sie werden, wie man uns zeigt, mit offenen Armen empfangen – von weiten Teilen der Bevölkerung und von den Politikern. Denn ihr Mitbringsel ist nicht gering, wenn auch bloss ein Symbol: der Tatbeweis nämlich, dass sie vieles auf sich nehmen, um dem anderen System zu entrinnen. Sie sind Bestätigung, dass der Sozialismus versagt hat und dass ihm der Kapitalismus, wie gross seine Mängel auch sein mögen, vorzuziehen ist. Was Wunder, dass diesem und jenem der hohen Politiker die Hemdenbrust schwillt – als wäre er in der Heimat fast so erfolgreich wie drüben!

Kein Wort gegen die Flüchtlinge selbst! Sie sind immer im Recht. Wenn ein System im eigenen Kalk zerrieselt und eher die Leiden des Volks in Kauf nimmt als die überfälligen Reformen wagt, dann ist es vernünftig, von unten zu rebellieren – oder zu gehen. Das Exil war noch immer der Trost der politischen Opfer. Es ist der resignative Bruder des Widerstands.

Und dennoch müssten die BRD und der gesamte Westen sich Fragen stellen – vor allem zwei: Was versprechen wir ihnen mit den offenen Armen? – Und: Was verlieren *wir*, wenn wir den Wettbewerb der Systeme radikal gewinnen?

Was verspricht und was bietet man ihnen? – Einen Job? Aber das Land hat selber Arbeitslose en masse, die oft am Rand des vollständigen Elends leben. – Eine Wohnung? Aber es herrscht Wohnungsnot, und die Mieten werden teurer. – Eine Heimat? Aber darüber entscheidet nicht eine Geste, sondern die Lebensqualität. – Die Freiheit? Das wohl am ehesten, aber gepaart mit Ängsten. Die Enttäuschung ist schnell auf den Fersen der Flucht, die nicht selten ein Akt der Verzweiflung ist.

Aber gesetzt: sie bekämen dies alles, was sie erhoffen, und noch mehr dazu: Was verliert der Westen, wenn er radikal gewinnt? Wenn nicht bloss der totalitäre oder der semitotalitäre Sozialismus, sondern die Idee des Sozialismus verschwindet, weil der Sozialismus insgesamt seine Attraktivität verliert? Das wäre eine Katastrophe: der Verlust der einzigen Alternative zum Immer-mehr, die bis heute durchdacht ist. Der private Kapitalismus ist erfolgreich; aber ein menschenrechtlicher Sozialismus ist notwendig.

Je mehr Menschen auf der begrenzten Erde leben, um so dringender wird es zu teilen: die Macht, die Arbeit und die Güter – zwischen den Individuen, den Geschlechtern und den Völkern. Das Postulat dieser Teilung ist das Postulat der sozialen Gerechtigkeit. Die soziale Freiheit aber ist die *reale* Chance *aller*, am politischen Prozess mitbestimmend teilzunehmen, die Chance auch, durch individuell gewählte Arbeit sich und die Welt zu erhalten und zu verändern, und die Chance, den gemeinsam erarbeiteten gesellschaftlichen Wohlstand zu geniessen. Die Freiheit aller als gerechte Freiheit setzt selber der Freiheit des einzelnen Grenzen, nicht der Freiheit des Redens und Denkens und Glaubens, sondern der Freiheit des Handelns und der Akkumulation. Sie sollen keine vermeidbaren Opfer erzeugen: weder des Wohlstands noch der Arbeit noch der Politik insgesamt. Und die erschöpfbare Natur setzt der Freiheit aller Grenzen in der Nutzung und Risikobelastung des Planeten. Die Gerechtigkeit ist nicht jenseits der Freiheit wünschbar, sondern nur mit ihr. Die soziale Freiheit ist nicht jenseits der Gerechtigkeit möglich, sondern nur an ihrem Massstab. Freiheit und Gerechtigkeit sind nicht jenseits der Welt zu suchen, sondern inmitten von ihr.

Die Idee ist leicht zu entwerfen. Die Verwirklichung ist schwer. Kein politisches oder ökonomisches System hat für die Praxis den Stein der Weisheit gefunden. Am wenigsten die Systeme, die behaupten, sie hätten ihn schon in der Hand. Sie sind nur verbohrt in ihre Fehler, die früher oder später das Leben selbst widerlegt in seiner Unerträglichkeit. Wir sind Zeugen einer solchen Widerlegung. Was nun scheitert, war der Versuch, den Sozialismus jenseits der Freiheitsrechte, ja selbst jenseits der Gerechtigkeit zu erreichen. Wer hofft, dass damit auch die Idee des Sozialismus stirbt und dass die Versuche, ihn als realen menschenrechtlich zu verändern, bald verebben, weiss nicht, was er erhofft: jedenfalls nicht den Sieg der Demokratie und nicht die Chance, doch noch zu überleben, sondern nur eine andere Katastrophe.

Die Einheit der Träume

Ein hoher Politiker der Bundesrepublik – man munkelt, es sei der Kanzler gewesen – soll folgenden Traum gehabt haben:

In Westdeutschland sei die Arbeitslosigkeit kontinuierlich angestiegen; die Armut habe sich zusehends tiefer in den Mittelstand eingefressen, und die wachsende Staatsverschuldung habe einen immer grösseren Anteil der immer kleiner werdenden Steuereinnahmen verschluckt. Zugleich seien der Boden, das Kapital und die übrigen Produktionsmittel in immer weniger Händen konzentriert worden. Angesichts des wachsenden Elends vieler und des unglaublichen Überflusses weniger hätten immer mehr Bürgerinnen und Bürger das Land verlassen und ein neues Leben in der DDR angefangen. Schliesslich sei das Volk auf die Strasse gegangen und habe in einer friedlichen Revolution beschlossen, dem Kapitalismus ein Ende zu setzen und das weit gerechtere sozialistische Wirtschaftssystem zu übernehmen. Herr Kohl sei deshalb zu Herrn Honecker nach Pankow gefahren und habe ihm gesagt: „Herr Staatsratsvorsitzender! Wir sind am Ende: wirtschaftlich, politisch und moralisch. Wissen Sie uns einen Rat?" Herrn Honecker seien die Tränen in die Augen gekommen und er habe geantwortet: „Genosse Bundeskanzler! Sind wir denn nicht, obwohl *zwei* Länder, *ein* Volk und *eine* Nation? Öffnen wir alle Grenzen und Mauern! Der Tag der Wiedervereinigung ist nicht mehr fern, falls unsere Genossinnen und Genossen im Westen das wollen." – „Sie wollen es ganz gewiss", soll der Kanzler gesagt haben. – „Gut: dann sind wir bereit, Euch unser Bestes zu geben: nämlich die unverrückbaren Grundsätze des wissenschaftlichen Marxismus-Leninismus, unsere Verfassung und unser Recht, unsere volkseigene Mark und selbstverständlich unseren militärischen Schutz im Rahmen des Warschauer Pakts. Wenn all das die Bundesrepublik will – nicht mehr und nicht weniger! –, dann sind wir künftig *ein* Staat."

Als Herr Kohl der Heimat diese Nachricht überbracht habe, seien die Bürgerinnen und Bürger ganz aus dem Häuschen gekommen. Sie hätten sich Embleme der DDR gekauft und sie auf die Flaggen genäht, die Internationale gelernt, in den Parks Leninbüsten aufgestellt, die alten Mercedes gegen neue Trabis eingetauscht und freiwillig Lehrgänge für sozialistische Wirtschaft mitgemacht. Zwar habe Herr Bush sich geweigert, dem Beitritt des Neuen Deutschland zum Warschauer Pakt zuzustimmen; aber das Wasser sei ihm selber am Hals gestanden. Auch hätten Unbelehrbare der alten Rechten, deren korrupte und verbrecherische Machenschaften nun immer deutlicher ans Tageslicht gekommen seien, behauptet, all dies sei doch keine demokratische Vereinigung, sondern ein Anschluss oder eine Annexion. Auf derart demagogische Behauptungen sei indes niemand eingegangen. Das Volk habe eben gewusst, was es wollte: den Beitritt so schnell wie möglich und so gut als nötig.

Aus allen Schlupflöchern seien nun Industrielle hervorgekrochen und hätten, zwecks Entprivatisierung der

Industrie, ihre Betriebe dem Volk geschenkt. Da aber niemand es verstanden habe, sie volkseigen zu bewirtschaften, sei das Wirtschaftssystem zusammengebrochen. An den Universitäten seien die theologischen Fakultäten, die philosophischen und psychologischen Seminare durch marxistisch-leninistische Institute ersetzt worden. Man habe jedoch kein geeignetes Lehrpersonal gefunden. Die Verlage der DDR hätten die Bestände der westlichen Buchhandlungen aufgekauft und eingestampft, so dass plötzlich nur noch Bücher der DDR angeboten worden seien. Die Massenmedien habe man den Funktionären der DDR übergeben, um sie endlich aus dem Chaos des Pluralismus zu befreien. Schliesslich sei die alte Garde der Politiker, darunter auch der Kanzler, unter Anklage gestellt worden wegen Ausbeutung des Volkes in fortgesetzten Fällen.

Noch bevor die Prozesse angelaufen seien, sei die Vereinigung zustande gekommen. Denn der Deutsche Bundestag habe an die Volkskammer die dringende und untertänigste Bitte um sofortigen Beitritt zur DDR gerichtet. Die Volkskammer habe sich dieser Aufnahmepflicht nicht entziehen können. Erst jetzt habe sie den einfachsten Weg zur Einheit gefunden: sie habe der BRD geraten, all ihre politischen Institutionen aufzulösen. Was der Bundestag auch sofort beschlossen habe. Und so habe man, früher als jemals gedacht, die Einheit in Gerechtigkeit erreicht. – Bonn sei übrigens zum Zentrum für revolutionäres Liedergut geworden, und es sei, nach einer kurzen Übergangszeit als Sitz des Reichsgesangs-Kommissars, in neuem Glanz erstrahlt.

Soweit der Traum eines Politikers aus der Bundesrepublik. Er soll ihm, unter Vertauschung einiger Namen, von einem Kollegen aus der DDR in den Schlaf gelegt worden sein, damit es in der Einheit der Wirklichkeit auch eine Einheit der Träume gebe.

Glaubensverbrecher

Den einen war es eine Tragödie, den anderen eine Posse und den dritten ein Lehrstück, als neulich zwei alte Herren, die Trauer im Blick, das Messer im Herzen, einander im Namen Gottes der Verdammnis übergaben. Der eine, rechtens zum Oberhaupt einer Kirche gewählt, exkommunizierte, wie er sagte, den anderen in unaussprechlichem Schmerz; der andere, vom hohen Würdenträger zum selbsternannten Hüter ebendieser Kirche avanciert, kommentierte maliziös mit den Worten: „Was bedeutet schon eine Verdammung durch Verdammte?" Das Schisma war vollzogen, aber der Anspruch, die eine Wahrheit zu besitzen, blieb: bei beiden.

Eine *Tragödie* war es für viele, weil sie wirklich in der Überzeugung leben, dass der Kirche die absolute und einzige Wahrheit offenbart worden sei, und nun erleben mussten, dass der Jahrhunderte alte Prozess der Spaltungen und Schismen sich fortsetzt: Kirchen aus Kirchen kommen, Wahrheiten aus Wahrheit: in Feindschaft. Nicht ein gegnerisches Prinzip ausserhalb der Kirche verursachte die Spaltung, sondern der Glaubenseifer in ihr. Wie soll man da noch in Gehorsam leben, wenn die Wahrheit sich entzweit?

Eine *Posse* war es den anderen, weil beide Kontrahenten Erztraditionalisten sind: illiberal, autoritär, antiaufklärerisch und antimodern. Der eine ist *gleichsam* ein theologischer Kryptostalinist, intransigent, aber nicht unsozial, der andere *wirklich* ein theologisch-politischer Faschist: rassistisch und antisemitisch. Die weiten Arme der Kirche hatten sie zusammengebracht, der unterschiedliche Grad der Ablehnung des Zweiten Vatikanischen Konzils hatte sie zu feindlichen Brüdern gemacht, das gemeinsame Prinzip der Ausschliesslichkeit aber zu Todfeinden. Wer fortan nach Ecône pilgert, riskiert in Rom die Verdammung – und umgekehrt. Es ist für Aussenstehende nicht leicht, keine Satire zu schreiben.

Für die dritten beginnt eben hier das *Lehrstück:* Wer glaubt, dass er die eine und einzige Wahrheit besitzt, lebt in der Gewalt, auch wenn er gütig lächelt und die Welt mit Gesten des Segens überhäuft. Der Anspruch auf Ausschliesslichkeit hat immer die Verdammung des anders Glaubenden und anders Denkenden zur Kehrseite, und es ist nur eine Frage der Zeit und des Zugzwangs, wann sie ausgesprochen wird. Nichts ist so heilig: keine Religion, keine Philosophie und keine Ideologie, dass es diesen Anspruch erheben darf, weil keine Wahrheit der Allgemeingültigkeit fähig ist, es sei denn die banale. Dass zwei und zwei vier ist: darauf haben wir uns alle geeinigt – ein für allemal. Dass der Glaube höher ist als die Vernunft oder umgekehrt: darin werden wir uns nie allgemein und auf Dauer einig werden können, obwohl uns Wahrheiten dieser Art wichtiger sind, weil wir auf sie hin leben und mit ihnen vielleicht sterben können. Wahrheiten, die diese Tragfähigkeit haben, können für uns persönlich absolute Wahrheiten sein, aber sind es nie für alle Menschen. Absolute Wahrheiten sind nicht allgemeingültig, und allgemeingültige Wahrheiten sind nicht absolut. Im Umkreis der absoluten Wahrheiten sind wir deshalb alle Sektierer, gleich welchem Glauben wir anhängen. Jede Religion ist eine Sekte, angesichts der Weite des möglichen Glaubens. Wir bringen also keinem *die* Wahrheit, den wir zwingen wollen, auf bestimmte absolute Wahrheiten hin zu leben. Wir bringen lediglich Gewalt über ihn, und wir werden zu Glaubensverbrechern, wenn wir ihn schädigen, töten oder verdammen, weil er unseren Glauben nicht teilt. Die Identifikation des Absoluten mit dem Allgemeingültigen in der Ausschliesslichkeit ist selber der Spaltpilz in den Offenbarungsreligionen. Wer zur Einheit des Dogmas zwingt, ist der Schismatiker.

Es überrascht also nicht, dass das Schisma zur Zeit der engen Glaubensgehäuse aufbricht und in der Konfrontation zweier Kirchenfürsten, die sich in ihrer dogmatischen Struktur so ähnlich sind. Dass sie bewirken müssen, was sie nicht wollen, rettet, leider nur gegen ihren Willen, die Freiheit des Glaubens.

Salman Rushdie und wir

Der Befehl Khomeinis, den indisch-englischen Dichter Salman Rushdie zu ermorden, empört die zivilisierte Welt. Der Befehl sei ihm von Gott erteilt, so liess der greise Ayatollah vernehmen. Eine schauerliche Vision: Der Gott und sein Bodenpersonal als ein Syndikat von Mördern. Und dennoch: wie gehabt – so oft – auch in den empörten Ländern, die sich die zivilisierten nennen.

Eine Legitimation der sakralen Morde ist so alt wie die Religionen selber: Der Gott sei gelästert worden, und ebendiese Blasphemie verlange als Sühne den Tod.

Eine zweite ist neuzeitlicher Art: Die religiösen Gefühle der Gläubigen seien zutiefst verletzt, und der religiöse Friede sei gestört.

Aber wie kann man Gott lästern, wenn er das Absolute sein soll? Entweder gar nicht oder dann mit allen Verendlichungen. Ob wir vom Absoluten sagen, es sei allmächtig oder absurd oder himmelblau, kommt, angesichts des Absoluten, aufs selbe. Aber nicht angesichts derer, die meinen, das Absolute zu kennen, weil sie es schon verendlicht haben. Der Vorwurf der Blasphemie enthält in sich eine Blasphemie. Er *ist* das Übel, das er aus der Welt schaffen will, und hat deshalb keinerlei religiöse Dignität. In Wahrheit ist er doch nur das strategische Argument der Arroganz einer Macht, die sich selber vergöttlicht, um ihre vermeintlichen Gegner leichter vernichten zu können.

Und was wird mit und in den religiösen Gefühlen eigentlich verletzt? Doch wohl nicht der Gott, der das Unverletzliche selber wäre. Also der Glaube? Aber wie soll der Unglaube oder ein anderer Glaube den eigenen Glauben verletzen, wenn dieser angeblich so stark ist? Verletzt wird eine individuelle oder kollektive Identifikation, die, aus Schwäche, den Zweifel nicht mehr erträgt und das totalitäre Ansinnen, dass jeder glauben sollte, was man selber glaubt: also wieder die Macht, die den verordneten Gehorsam für den Frieden hält.

Wo ist er denn, dieser vielberufene Friede der Religionen? Etwa in Belfast, wo sich die christlichen Konfessionen im Irrsinn überbieten? In Indien, wo sich Hindus und Sikhs abschlachten? In den Ländern des Islams, wo Schiiten und Sunniten sich seit Jahren niedermetzeln? Oder in Jerusalem, dieser Arena der jüdischen Orthodoxie? Es sind nicht die Dichter und Philosophen, die den religiösen Frieden zerstören; es sind die Religionsführer selber und ihre Banden, die in Wahrheit deren Opfer sind. Je heiliger die Stätte, desto grösser die Unversöhnlichkeit.

Aber wer so spricht, redet abstrakt. Die Empörung der zivilisierten Länder ist so lange nicht glaubwürdig, als sie nicht ihr eigenes Verhalten überprüfen. Wenn sie es tun, werden fast überall die Notizen aus der Provinz zu erbärmlichen Konfessionen. Ich wähle dazu einen Ort, der als liberal gilt: Basel.

– Als 1963 Hochhuths „Stellvertreter" in Basel aufgeführt wurde, gingen hier, aufgehetzt durch die lügenhafte Propaganda der Kirche, Tausende auf die Strasse, um gegen dieses heute noch ergreifende Stück zu demonstrieren.

– Als Kurt Fahrner seine „Gekreuzigte Frau", wohl sein eindrücklichstes Bild, ausstellte, wurde es gerichtlich konfisziert. Die staatliche Vernichtung konnte nur mit Mühe verhindert werden. Man sperrte es danach für sage und schreibe 21 Jahre in die Verliese der staatlichen Beschränktheit.

– Als die Basler Theater anlässlich einer Horváth-Aufführung Plakate mit einem Text aus dem aufgeführten Stück aushängten, mussten diese entfernt werden, weil sie, Zweifel an der Existenz Gottes erweckend, den religiösen Frieden hätten stören können.

– Als Frank Geerk ein Gedicht über Jesus von Nazareth veröffentlichte, wurde ihm der Prozess gemacht, und das Gedicht musste aus allen Veröffentlichungen entfernt werden. Die Basler Justiz wurde danach insofern gedemütigt, als der Europäische Gerichtshof für Menschenrechte in Strassburg dieses Urteil kritisierte.

Bei all diesen Aktionen wurde niemand ermordet und niemand gefoltert. Es blieb beim Rufmord an einzelnen Künstlern und bei den Prozessen gegen sie und ihre Werke. Aber der Geist, der dies ermöglichte, war der Geist der Ayatollahs, der auch in laizistischen Regierungen und Gerichten Einsitz hat, wenn sie nur bigott genug sind.

Khomeini hat noch niemandem die Freiheit des Geistes versprochen oder die Menschenrechte der Aufklärung. Er ist kein Heuchler, sondern ein Mörder aus finsterster Konsequenz. Aber die sogenannten zivilisierten Länder haben diese Versprechen ihren Bürgern gegeben und sie öfter gebrochen. Deshalb fehlt ihrem Protest die moralische Kraft – und deshalb bleibt ihre Empörung ohne Folgen.

Zum Beispiel Glarus

Es ist eine gute Tradition liberaler Regierungen, dass sie bei der Vergabung von Stipendien, Anerkennungen und künstlerischen Preisen sich nach dem Urteil der Fachleute richten und somit zwar verantwortlich, aber nicht selbstherrlich die staatlichen Auszeichnungen und Unterstützungen zusprechen. Diese Praxis hat einen vielfachen Sinn. In ihr tritt die politische Macht vor der Kunst zurück. Sie will weder ihre Inhalte noch ihre Formensprachen – und sei es auch nur indirekt – bestimmen. Sie lässt ihr eine exzessive Freiheit, ohne die Kunst banal und langweilig wird. Sie verleiht keine Gnadengeschenke und keine Belohnungen für erwünschte Gesinnung, sondern anerkennt – allein dem Fachurteil vertrauend, das übrigens immer auch problematisch bleiben wird – gute künstlerische Arbeit.

Sie nimmt damit in Kauf, dass auch diejenigen von ihr gefördert werden, die sie beissen und verärgern. Damit sagt sie, die Macht, dass die Gesetze der Symbole nicht identisch sind mit den Gesetzen der politischen Macht – und dass gerade diese Nichtidentität der kulturellen Reiche mit der Politik als notwendiges Spannungsverhältnis erhalten bleiben muss.

Seit Macht, ob nun eingestanden oder uneingestanden, sich als Herrschaft versteht, hat sie immer wieder die Freiheit der Kunst verletzt, bald drastisch brutal, bald mit der Scheinheiligkeit gutbürgerlicher Bonhomie. Sie hat ganze Ausstellungen mit Panzern niedergewalzt, hat Museen politisch und weltanschaulich gesäubert und einzelne Bilder polizeilich konfisziert; sie hat Bücher verboten und Bücher verbrannt, Texte aus den Druckwerken gerichtlich entfernt und vielfältig zensuriert; sie hat ganze Richtungen zur entarteten Kunst erklärt, einzelne Künstler mit Berufsverboten belegt, andere gesellschaftlich marginalisiert und noch anderen den Brotkorb höher gehängt. Auf die Länge aber – und das ist der Trost – sind all diese Eingriffe gescheitert, ja sie haben die Kunst, die sie verhindern, und die Künstler, die sie der Vergessenheit anheimgeben wollten, propagiert. Die so viel sanftere Macht der Symbole hat sich noch immer die Freiheit zurückerobert, die ihr die Politik entzog. Deshalb macht sich eine Regierung in der Regel lächerlich, die sich mit der Kunst oder mit einzelnen Kunstwerken anlegt.

Blamabel für die Regierung sind denn auch die Machenschaften gegen Werner Wiedenmeier ausgefallen. Obwohl Wiedenmeier von der Kulturkommission einstimmig für ein Werkjahr vorgeschlagen war, hat die Regierung des Kantons Glarus ihm mehrheitlich diese Unterstützung versagt, offenbar in einem diffusen Gemisch von weltanschaulichen, religiösen und politischen Gründen. Und es war da vermutlich auch eine persönliche Gekränktheit einiger Herren mit im Spiel. Im zweiten Spaziergang des Tobias Liebezeit wird die Obrigkeit des Tales beinahe mit einer Schar von Pinguinen verwechselt und die hochheilige Dreifaltigkeit vollends mit der Dreieinigkeit von Staat, Kirche und Militär. Die ganze Wertwelt des Glarnerlandes wird eigentlich liebevoll und sehr kenntnisreich persifliert. All das war wohl der Stich ins Herz einiger Politiker. Herrschaft erträgt weder die Ironie noch das Gelächter, am wenigsten aber die Wahrheit in der Ironie; denn sie brechen die Autorität. Demokratie ist eine Form von Macht, über die man öffentlich lachen darf. Herrschaft ist das Insgesamt der Formen von Macht, die man um so ernster zu nehmen hat, je katastrophaler sie sind. Die Ironie angesichts der Macht kostet dann eben 20'000 Franken. Aber die Herrschaft kostet die Freiheit der Kultur. Nur gibt es da eine gefährliche Ironie der Dialektik: Indem die Macht durch Pression auf die Kultur den Künstler zur ernsten Miene nötigt, gibt sie sich selber und erst recht dem Gespött preis. Davor schützt auch nicht die obstinate Weigerung, die Gründe der Ablehnung klar zu formulieren. Die Würde der Herrschaft verbietet die Nennung von Gründen. Im Recht ist man allemal – und damit basta!

Es ist keine Frage, dass im Fall Wiedenmeier eine Form von indirekter Zensur vorliegt: eine Bestrafung für Texte und zugleich eine allgemeine präventive Meinungspression, obwohl gerade dies einzelne Regierungsvertreter bestritten haben. Herr Wiedenmeier dürfe schreiben, so konnte man hören, was er wolle; von Zensur könne somit keine Rede sein; er dürfe nur nicht erwarten, dass die Regierung alles aus Steuergeldern honoriere. Damit war der Trick gefunden. Man schob neben dem formalen Recht das anonyme Interesse der Steuerzahler vor, als ob man wüsste, welche Kunst sie *alle* wollen, und als ob ihr Urteil dem einer Kulturkommission überlegen und dem einer Regierung konform sein müsse. Das Argument grenzt in seiner Scheinheiligkeit an eine öffentliche Politlüge: eine scheinbar demokratische Erwägung wird angestellt, um einen Grundsatz jeder Demokratie zu Fall zu bringen: dass eben die politische Macht das Reich der Künste weder direkt noch indirekt begrenzt. Das ist nicht bloss ein Gebot des politischen Anstandes, sondern auch ein Menschenrecht und selbst eine pragmatische Klugheitsregel. Das Ansehen eines Staates nämlich gründet selten in seiner Politik, aber fast immer in seiner Kultur. Die Welt wird sich länger für Ludwig Hohl interessieren, der in Netstal geboren ist, als für alle Politiker des Kantons.

Bürgerinnen und Bürger des Kantons haben der Regierung die richtige Lektion erteilt: Sie haben das Geld zusammengetragen – auch in jenem Volk, das angeblich mit dem Werkjahr nicht einverstanden gewesen wäre. Sie haben die Heuchelei der Regierung entlarvt und ihr die nötige basisdemokratische Nachhilfe gegeben. Und sie haben damit bezeugt, dass die politische Macht keine Chance hat, durch Hintertüren den Analphabetismus der Phantasie zu verordnen.

So erfreulich diese Aktion der Solidarität für den Schriftsteller und die Demokratie auch sein mag: *eine* Rechnung bleibt noch zu begleichen – bei den nächsten Wahlen.

Die Meinungsfreiheit ist unbegrenzt

Wir sind uns darin einig, dass es Meinungsfreiheit geben soll, aber nicht darin, wie weit sie öffentlich gehen darf. Ich vertrete den Standpunkt, dass sie in der Demokratie unbegrenzt sein muss, wenn man nur den Begriff „Meinung" klar fasst:

Eine bewusste Unwahrheit ist nicht eine Meinung, sondern eine Lüge. Die Kolportage eines Gerüchts ist nicht die Meinung, sondern Tratsch. Eine üble Nachrede oder eine zynische Kränkung sind nicht Meinungen, sondern Verleumdung und Verletzung. – Eine Meinung ist etwas zwischen Überzeugung und Wahrheit: nicht so subjektiv absolut wie die Überzeugung und nicht so objektiv zutreffend wie die Wahrheit. Sie ist ein subjektives Fürwahrhalten ohne Absolutheitsanspruch: nicht bloss irrational, aber doch ungesichert; nicht unmotiviert, aber niemals zwingend. Wahrheit entspringt einer Einsicht, Überzeugung einem existentiellen Glauben, Meinung einem wie auch immer motivierten Übergewicht an Wahrscheinlichkeit.

Darf man öffentlich die *Wahrheit* sagen? – Welch seltsame Frage in einer Kultur, die uns beharrlich lehrt, dass man die Wahrheit sagen *soll.* Es gibt keinen Staat, der die Wahrheit grundsätzlich *nicht* will; denn er müsste an Lüge und Irrtum zugrundegehen. Aber es ist die Krux aller Staaten, dass sie ein pragmatisches und pädagogisches

Verhältnis zur Wahrheit haben. In öffentlichen Angelegenheiten setzen sie der Wahrheitssuche und der Wahrheitsmitteilung Grenzen – mit Erfolg, leider, oft auch bei uns.

Darf man die eigene *Überzeugung* öffentlich sagen? – Das wäre, ohne jede Einschränkung, nicht ungefährlich. Überzeugung kann schrecklich sein, falls sie objektiv ganz und gar irrig und dennoch subjektiv absolut ist. Man kann aus Überzeugung Rassenfanatiker sein, Terrorist, Faschist und orthodoxer Ultra – leider in Ehrlichkeit. Zumindest die propagandistische Kundgabe des eigenen Absolutums muss im Interesse aller eingeschränkt werden. Sobald Überzeugung Menschen diskriminiert oder sonstwie schädigt, kann sie kein Anrecht auf Öffentlichkeit haben.

Darf man seine *Meinung* öffentlich sagen? – Es müsste immer erlaubt sein. Denn Meinung kann durch Argumentation bewegt werden. Sie bedarf immer des Korrektivs, weil sie ja nicht einfach Wahrheit ist, und sie will das Korrektiv, weil sie nicht absolute Überzeugung ist. Wo sie öffentlich wird, ist die Chance zum Korrektiv am grössten.

Ein Staat, der seine Politik allein auf Wahrheit bauen möchte, müsste eine Scientokratie oder Expertokratie werden. Er wäre notwendigerweise eine elitäre und autoritäre Oligarchie, in der das Volk dazu verurteilt ist, den Experten zu glauben.

Ein Staat, der seine Politik allein auf Überzeugung gründen wollte, würde eine Theokratie oder ein fundamentalistisches System. Er wäre notwendigerweise eine Diktatur mit den Zügen des Fanatismus – unbelehrbar und im Prinzip unkommunikativ.

Allein der Staat, der weiss, dass seine Weisheit bloss Meinung ist, ist fähig zur direkten Demokratie. Sie ist die institutionalisierte Aufforderung an alle, ihre Meinung öffentlich zu sagen, in allen Dingen, die die Öffentlichkeit betreffen. Ein System, das freie Meinung nur innerhalb seiner ideologischen Grenzen duldet, setzt an den Grenzen auf Überzeugung und wird fanatisch, wie liberal es sich sonst auch gebärdet. An den Grenzen der Meinungsfreiheit beginnt die andere Republik.

Nur geredet? Nur gedacht?

Im Oktober 1939 erteilte Hitler den Auftrag zur „Aktion Gnadentod".

„Reichsleiter Bouhler und Dr. med. Brandt", so lautet der kurze Text, „sind unter Verantwortung beauftragt, die Befugnisse namentlich zu bestimmender Ärzte so zu erweitern, dass nach menschlichem Ermessen unheilbar Kranken bei kritischster Beurteilung des Krankheitszustandes der Gnadentod gewährt werden kann.

gez. Adolf Hitler"

Der Auftrag wurde auf den 1. September, den Tag des Kriegsbeginns, rückdatiert. Nur so signalisierte Hitler, was er mit dem scheinbar human tönenden Schreiben eigentlich wollte: Die „Ballastexistenzen", die „Menschenhülsen" und die „Untermenschen" – so nannten das seit Jahrzehnten angesehene deutsche und übrigens auch schweizerische Wissenschaftler – sollten ausgemerzt werden, um ein ganz und gar gesundes – und das hiess: leistungsfähiges und kriegstüchtiges – Volk zu schaffen. Der Erlass sollte die Endlösung der Unheilbarkeit einleiten. Er kostete etwa 150'000 Behinderten und Kranken das Leben. Von ihm zum Freibrief für die Tötung aller rassisch, sozial und politisch missliebigen Menschen war es nur noch ein Schritt. Diese erweiterte Endlösung führte bekanntlich sechs Millionen Menschen in das Inferno einer ökonomisch verwalteten Tötungsindustrie, die Leichen produzierte, wie man anderswo Güter herstellt.

Die Vorliebe für Endlösungen war keineswegs ein Novum der Naziverbrecher. Sie ist altes philosophisches, theologisches und wissenschaftliches Erbe. So meinte einst Platon, eine Aufgabe der Rechts- und der Heilkundigen sei es, die „der Seele nach unheilbar Bösartigen" umzubringen. So glaubte Seneca, die Unverbesserlichen seien aus der menschlichen Gesellschaft zu vertilgen, wie man „Missgeburten" und „sieches Vieh" aus der Welt schafft. So wollte Luther bei degenerierten Kindern, die er kurzerhand dem Teufel unterschob und deshalb „Wechselbälge" nannte, „das homicidium dran wagen". Und so rieten Auguste Forel – er war von 1879 bis 1906 Direktor des Burghölzli –, Karl Binding – er war unter anderem Strafrechtslehrer in Basel – und Alfred Hoche – Psychiatrie-Professor in Freiburg i.Br. – lange vor Hitler, die „Träger schlechter Keime" in wissenschaftlich sauberen Verfahren zu liquidieren. Der Mann, der dies alles dann auch verwirklichte, konnte sich wahrhaftig auf respektable Souffleure berufen.

Dennoch dachte man nach dem Nürnberger Ärzteprozess von 1946/47, das prinzipiell Verbrecherische jeder Endlösung sei durchschaut und es gebe in den heiklen Fragen der Euthanasie zumindest diesen Minimalkonsens: dass keiner wie auch immer gearteten Klasse von Menschen das Recht auf Leben abgesprochen werden dürfe.

Keine Rede davon! In unseren Tagen lehrt der australische Bio-Ethiker Peter Singer erneut, dass es eben doch „lebensunwertes Leben" gebe. Er bestimmt es von zwei unterschiedlichen Standorten her: erstens von den entscheidenden personalen „Eigenschaften wie Rationalität, Autonomie und Selbstbewusstsein" und zweitens von der durchschnittlichen Glücksfähigkeit her. Das erste Argument führt zu einer Diskriminierung aller Neugeborenen; denn sie sind allesamt weder selbstbewusst noch autonom noch rational und mithin eigentlich Un-Personen – und deshalb hat ihr Leben „weniger Wert als das Leben eines Schweins, eines Hundes oder eines Schimpansen". Das zweite Argument führt zur Diskriminierung der schwer behinderten Kinder; denn sie sind nicht bloss Un-Personen, sondern auch noch unglückliche Geschöpfe und Ursachen des Unglücks anderer. Beide Perspektiven vereinen sich im Vorschlag, „behinderte Neugeborene bis zu etwa einer Woche oder zu einem Monat nach der Geburt nicht als Wesen (zu) betrachten, die ein Recht auf Leben haben". In dieser Zeit aber könnten die rationalen, autonomen und selbstbewussten Eltern sich mit den noch rationaleren Ärzten beraten, ob es nicht doch vernünftiger wäre, den Säugling – vielleicht einen Bluter, ein mongoloides oder Spina-bifida-Kind – zu töten. Denn nach der unüberbietbaren Weisheit der „Totalansicht" seines Präferenz-Utilitarismus lehrt Herr Singer, der die Tiere sehr liebt, dass die Säuglinge genauso ersetzbar seien wie niederere, das heisst „nicht-selbstbewusste Tiere". Wenn man nun das missgebildete Kind tötet – aber bitte schön medizinisch einwandfrei! – und dann ein neues macht, das gesund ist und das es gar nicht geben würde, wenn das kranke nicht getötet worden wäre, dann wird „in der Bilanz Glück über Unglück überwiegen"! Wer alles richtig bedenkt, dem legt sich der Schluss nahe, „dass es richtig ist, solche Kinder zu töten". Es bleibt nur noch, die „Entscheidungskriterien dafür aufzustellen, *wer* getötet werden sollte". Wenn man sie hat, klappt alles bestens – falls man nicht vergisst, dieselben Kriterien „auch auf ältere Kinder oder Erwachsene anzuwenden, die auf der geistigen Reifestufe eines Kleinkindes verharren".

Die wissenschaftliche Welt war elektrisiert, als sie am Ende der siebziger Jahre diese Botschaft vernahm. Sie berät seither in ungezählten Hearings – bald öffentlich empört, bald heimlich entzückt –, ob und wie die Tötung durchgeführt werden sollte: ein makabres Ritual um einen nicht unsympathischen Gelehrten, dessen Strickmuster solide und dessen Verstand von der Art der angelsächsischen „Verständer" (Nietzsche) ist.

Ich bin zwar der Meinung, Herr Singer sei ein Wissenschaftsverbrecher. Aber was soll's? Ist er denn nicht ein Ethiker, der nur *gedacht*, nur *geschrieben* und nur *diskutiert* hat? Und beginnt nicht alle Toleranz damit, dass man selbst für jenes öffentliche Wort eines Gelehrten eintritt, dessen Bedeutung man verabscheut?

Wer die Macht und die Reichweite der Wörter für unbedeutend hält, mag so denken. Aber wir haben eine Erfahrung im Rücken, die auch aus den Wörtern der Gelehrten gekommen ist. Und diese besagt: Herr Binding und Herr Hoche haben zwar auch nur *geredet;* aber sie haben darin zugleich *gehandelt,* indem sie Handlungsanweisungen und Legitimationen für Taten gegeben haben, die in sich selber verbrecherisch sind. Und deshalb sollte man sie historisch nicht von der Verantwortung für diese

Handlungen freisprechen, so, als ob Reden und Schreiben gratis wären.

Was Herrn Singer betrifft, so ist er um nichts harmloser als sie. Denn er spricht ganzen Klassen von Menschen das Recht auf Leben zumindest auf Zeit ab. Er liegt damit, obwohl er sich dagegen verwahrt, in der Logik des Genozids. Selbst wenn man ihm zugute halten möchte, dass er Wissenschaft betreibt, so ist es doch Wissenschaft, die ein politisch-eugenisches Programm entwirft und empfiehlt, das prinzipiell auf Tötung und Entrechtung beruht. Wir haben mühsam gelernt, dass solche Programme unbedingt verworfen werden müssen, wenn sie rassistisch oder sexistisch sind. Wir müssen noch lernen, dass sie ebenso unbedingt verworfen werden müssen, wenn sie allgemein eugenisch sind. Denn auch die Endlösung der Unheilbarkeit und des Unglücks ist schrecklich und in sich das grössere Unglück.

Zum Philosophen Singer wäre vielleicht nachzutragen: Schade, dass der Glaube an die rationale und utilitaristische Lösbarkeit aller existentiellen Probleme dieses Denken in eine bodenlose Banalität treibt. Die abendländische Philosophie hat einmal ihren Elan aus dem Wissen des Nichtwissens erhalten. Praktisch entspräche dem ein Wissen um das Nicht-Machbare, weil Nicht-Lösbare. Der Glaube an die generelle Lösbarkeit der existentiellen Probleme ruiniert die Ethik. Hier wäre eine andere Bilanz aufzustellen, in der das Unglück überwiegt, weil man auf ein zu banales Glück gesetzt hat.

Künstliche Insemination

Eine Besamung im Mutterleib wird dann künstlich genannt, wenn die männlichen Samenzellen nicht durch Geschlechtsverkehr in die Frau übertragen werden. Künstlich ist dabei nicht die Befruchtung – denn die Vereinigung von Sperma und Ei erfolgt auf natürliche Weise –, sondern lediglich die Zufuhr der Samen. Praktiken der künstlichen Besamung beim Menschen gibt es vielleicht seit Ende des 18. Jahrhunderts, nachweislich jedenfalls seit den dreissiger Jahren des 19. Jahrhunderts. Aber erst in der Nachkriegszeit ist sie zu einem moralischen Problem geworden, das auch bei uns in der Öffentlichkeit diskutiert wird, und zwar aus zwei Gründen: Erstens hat sich die Anzahl der Fälle in den hochtechnisierten Ländern stark erhöht, und zweitens ist innerhalb der künstlichen Insemination die Anzahl der Fälle stark angestiegen, in denen Samen eines fremden Mannes in die Frau eingeführt werden.

Allein diese künstliche Fremdbesamung wirft heute eine Reihe von moralisch-psychologischen Fragen auf, die ganz unterschiedlich beantwortet werden. Es sind etwa die folgenden: Wäre es für die Frau nicht besser, auf eine Schwangerschaft zu verzichten, wenn sie den biologischen Vater nicht kennt? Ist es für den Mann zumutbar, eine Vaterschaft zu übernehmen, ohne der biologische Vater zu sein? Wie werden die Mutter und der bloss rechtliche Vater reagieren, wenn das genetisch halb fremde Kind missgebildet ist oder sich in eine unerwünschte Richtung entwickelt? Wäre es für das Kind nicht besser, nie gezeugt und nie geboren worden zu sein, als in einem Klima der familiären Verheimlichung und Lüge aufzuwachsen, aus dem es eines Tages nur ein Schock befreien wird? Und vor allem: Gehört es nicht zu den Bedingungen des Menschseins, dass wir Grenzen annehmen müssen, die uns die Natur, vielleicht durch einen Fehler, setzt?

Indes: Nur weil der Mensch seit einigen Jahrtausenden nicht bereit ist, die Grenzen der Natur für endgültig zu halten, ist überhaupt eine technische Kultur entstanden. Die Natur hat ihn nicht befähigt, sich schnell fortzubewegen oder gar zu fliegen; sie hat ihn nicht dazu ausgerüstet, in den Kosmos vorzudringen oder den Mikrokosmos zu erkennen; sie hat ihm nicht ein hohes Lebensalter garantiert. Als bloss natürliches Wesen ist er eine zoologische Spezies wie jedes andere Tier. Auch Moral gibt es nur, weil der Mensch nicht natürlich geblieben ist. Man kann deshalb nicht im Namen der Natur und der natürlichen Zwecke die Moral bestimmen, sondern die Moral schafft kulturell die Normen für die Annehmbarkeit der an sich zufälligen Grenzen der Natur. Und hier hat unsere moralische Kultur die Norm herausgebildet: Wenn therapeutische und technische Massnahmen möglich sind, zufällige Grenzen der Natur zu beheben, unter denen Menschen leiden, dann soll man dies tun. Die künstliche Insemination mit Fremdsamen aber ist eine therapeutisch-technische Massnahme gegen die Unfruchtbarkeit eines Mannes, gegen seine physischen Gebrechen oder gegen sein geschädigtes Erbgut, und sie ist eine, wenn auch bei uns noch nicht anerkannte, Hilfe für eine Frau, die ein Kind, aber keinen Mann möchte. Zwar wird der Mann durch diese Massnahme weder gesund noch fruchtbar; aber er kann nun wenigstens erlebnismässig und sozial Vater werden und die Frau in jeder Beziehung Mutter.

Alle übrigen Bedenken bleiben freilich bestehen. Aber nicht minder ernste gelten auch für die natürliche Insemination: Wer kann es denn jemals verantworten, ein Kind zu zeugen oder zu gebären? Darauf antworten nicht biologisch bestimmte Nebenumstände, sondern nur die ethische Kultur eines ganzen Lebens. Deshalb können nichtnatürliche Eltern bessere Eltern sein als natürliche. Wer das vergisst, hat die Moral schon verlassen, und er huldigt in Wahrheit einer biologistischen Ideologie, die er in seiner Gegnerschaft gegen die künstliche Besamung zu bekämpfen vorgibt. Er redet scheinbar moralisch, aber er denkt jenseits der Moral.

Die leise Katastrophe

Es gibt Katastrophen, die sich als Gefahr so laut ankündigen, dass niemand sie überhören kann. Man erkennt sie, bevor sie sich ereignen, und man kann sich einig werden, *dass* und *wie* sie zu verhindern sind.

Es gibt andrerseits Katastrophen, deren Ankündigung kaum registriert wird, obwohl sie mit ungeheuerlicher Rasanz auf uns zukommen. Sie erscheinen dem einzelnen im Augenblick vielleicht als Glück und als Chance, obwohl sie, für alle und auf die Dauer, die grössten Risiken sind. Weil hier die allgemeine Gefahr als individuelle Chance erfahren werden kann, lässt sich kein gemeinsamer Wille zur Bewältigung finden. Man schlittert in die Katastrophe hinein.

Auf die Gefahr einer solchen Katastrophe hat dieser Tage eine Zeitungsmeldung hingewiesen. Man konnte da lesen, dass die Weltbevölkerung doch schneller wachse, als dies angenommen worden sei, und dass sie allein im letzten Jahr um 90 Millionen zugenommen habe. 90 Millionen! Das sind mehr Menschen, als in der Bundesrepublik und in der Schweiz zusammen leben. Und das als *Überschuss* in *einem* Jahr! Das bedeutet, dass es jeden Tag fast 250'000 Menschen mehr gibt und dass in einem Jahrzehnt eine Milliarde hinzukommen werden. Um die erste Milliarde zu erreichen, brauchte die Menschheit etwa zwei Millionen Jahre; 1830 war es soweit. Bis zur zweiten Milliarde dauerte es noch 100 Jahre. Die dritte wurde in

30 Jahren erreicht, die vierte in 15 und die fünfte in elf Jahren. Bei diesem Zuwachstempo verdoppelt sich die Weltbevölkerung ungefähr alle 40 Jahre. Wenn wir heute von fünf Milliarden ausgehen, so müsste sie am Ende des nächsten Jahrhunderts demnach auf etwa 40 Milliarden angewachsen sein. Damit rechnet niemand. Aber die Schätzung der UNO beläuft sich auf zirka 14 Milliarden. Auch so würde der Mensch das Krebsgeschwür der Erde: *das* zentrale Unglück für die Natur.

So weit wird es vermutlich nicht kommen. Der Kollaps wird früher eintreten. Zwar sind sich die Forscher nicht einig, wie viele Menschen die Erde ernähren und ertragen kann. Je mehr Umweltkomponenten und Faktoren der Lebensqualität man berücksichtigt, um so kleiner wird die Zahl. Der wahrscheinlich richtige Befund ist, dass der Planet heute schon als ganzer überbevölkert ist. Die optimale Bevölkerungszahl, die es uns erlaubt, die Natur wirklich zu schonen und allen Menschen eine gewisse Lebensqualität zu garantieren, dürfte etwa bei drei Milliarden liegen. Wir *stehen* insofern schon in der Katastrophe, die wir noch nicht einmal als Gefahr erkennen.

Selbst wenn wir mit der friedlichen Atom-Technologie zu Rande kämen; selbst wenn es uns gelänge, den Krieg als politische Institution abzuschaffen; selbst wenn wir gerecht und human auch zu den uns ganz fremden Menschen würden und selbst wenn wir die Natur wie einen Garten pflegten: die Erde wäre dennoch verloren, wenn es nicht in absehbarer Zeit gelänge, die Geburten- und die Sterberate vorerst anzugleichen und dann die Geburtenrate auf Zeit zusätzlich zu senken. Das Programm ist von unbedingter Dringlichkeit. Der Grund dafür ist leicht einsehbar: die Erde und all ihre Ressourcen sind begrenzt und somit erschöpfbar; sie wachsen nicht. Aber die Bevölkerung wächst weltweit, und zwar exponentiell, das heisst in absoluten Zahlen immer schneller.

Es gibt bekanntlich heute noch Menschen, die nicht müde werden, überall zu verkünden – selbst unter den Ärmsten der Völker –, dass jede Geburtenkontrolle Sünde sei. Ebendiese Lehre ist indes selber eine Versündigung: an der Natur und an der Menschheit. Sie treibt, alte Normen gedankenlos wiederholend, in die Katastrophe, als ob diese das Heil wäre. Dieser verbohrte Dogmatismus ist nur der Bruder der Verantwortungslosigkeit – hinter einer frommen Maske.

Die erschöpfbare Unerschöpflichkeit

Der Mensch verglich sich schon immer gerne mit der übrigen Natur. Wenn er sich auszeichnen wollte, so nannte er sich animal rationale, Vernunftwesen, und das sollte heissen, dass er nicht bloss, wie Tiere und Pflanzen, animal naturale, Naturwesen, ist, sondern ein wenig göttlicher. Wenn er sich, meist in einem Feind, demütigen wollte, so nannte er sich Tier oder auch Untier, zuweilen gar Ungeziefer. Ungeziefer zu sein war übrigens anfänglich kein schlechtes Los. So nannte man die Tiere, die nicht opferwürdig waren. Ein Mensch zu sein, der nicht würdig ist, auf dem Altar des Allzumenschlichen geopfert zu werden, das käme beinahe einer Verschonung gleich. Schliesslich: Wenn der Mensch seine Lebenskraft ironisch pries, nannte er sich ein Unkraut: „Unkraut kommt nicht um."

So ist er, der Mensch, fast alles, zumindest in seiner Selbsteinschätzung: Mensch, Tier, Untier und Unkraut. Das Tier aber ist nie ein Mensch und nicht mal ein Unmensch. Und niemals wurden Pflanzen Tiere oder gar Menschen genannt.

Das bedeutet vielleicht: Der Mensch hat schon in der vergleichenden Sprache für sich die Totalität der Natur in Anspruch genommen: er war sozusagen alles. Aber er hat diese Totalität nie anderen Naturwesen zugesprochen. Insbesondere fiel ihm der Vergleich mit dem Tier leicht, aber der mit der Pflanzenwelt schwer. Wir leben offenbar noch in einem vagen Wissen um die Verwandtschaft mit dem Tier. Aber dass uns auch die Pflanzen verwandt sind, als Organismen, das haben wir gleichsam stammesgeschichtlich vergessen. Wir leben nicht in diesem Bewusstsein, sondern müssen es uns immer neu vergegenwärtigen.

Dass Pflanzen für unser alltägliches Bewusstsein nicht Lebewesen sind, sondern natürliche „Sachen", ist wahrscheinlich der Grund, dass wir mit ihnen erbarmungsloser verfahren als mit anderen Klassen von Lebewesen, zumindest den sichtbaren. Letztlich wird im Umgang mit ihnen nur *ein* Gesichtspunkt zur Geltung gebracht: Sind sie uns selber direkt oder indirekt nützlich? Kann man sie Tieren verfüttern, die für uns Arbeit verrichten oder Nahrung produzieren? Können wir sie selber essen? Sind sie für *uns* schön oder spenden sie uns Schatten oder sichern sie uns den Wasserhaushalt? Pflanzen, die keiner dieser zugedachten Aufgaben genügen, die also, gemessen am Stand unseres Wissens und unseres Geschmacks, unverwertbar und unschön: mithin doppelt nutzlos, sind, die nennen wir Unkraut.

Un- negiert in dieser Zusammensetzung -kraut. Unkraut ist das, was nicht das Recht hat, als Kraut anerkannt zu werden. Unkräuter haben überhaupt kein Lebensrecht. Man muss die Natur von diesen blossen Schmarotzern befreien; denn sie soll ja ein Garten sein, zum Nutzen und zur Zier – für uns. Wir handeln dabei ständig, als ob wir das System der Natur kennten, wovon in Wahrheit keine Rede sein kann.

Es sei nicht etwa bestritten, dass man pflegen und jäten

muss, wo immer genutzt und geziert wird. Wir vernichten dann einzelne Pflanzen, um den Lebensraum anderen freizugeben. Aber wir rotten damit nicht systematisch Arten aus. Wenn indes alles vernutzt und verziert wird, dann wird auch der Angriff total. Dann jätet man nicht mehr, sondern setzt grossflächig Herbizide ein. Dies aber ist ein Eingriff ganz anderer Art in die Natur als alles Jäten und Kultivieren:

Das Grundcharakteristikum der Natur ist, wir müssen bald einmal sagen: *war*, ihre Unerschöpflichkeit im endlichen Sinn. Ihre Ausbreitung und Vermehrung war bis zum Verschwenden abgesichert. Sie brachte nicht eine Art von Schmetterlingen hervor, sondern Hunderte oder Tausende von Arten, nicht eine Art von Kraut, sondern Abertausende. Und die einzelnen Exemplare stattete sie meist mit einer Vermehrungsmöglichkeit aus, die nicht dem Kopf eines rechnenden Ingenieurs entsprungen sein konnte, sondern einem System, das allein in der Unberechenbarkeit des Überflusses gedeiht. Die Unerschöpflichkeit des Ganzen besiegte fortwährend den Tod der einzelnen und auch das Aussterben von Arten.

Die systematische Vertilgung nun, sei es von Unkräutern oder von Ungeziefer, und die Ausrottung, sei es von Schlangen oder Walen oder Affen, ist die gedankenlose Dezimierung dieser Überfülle im Namen des Nutzens und der Zier. In ihr wird Hand angelegt an das Prinzip der Natur, und das heute mit einer Rasanz, die uns fürchten macht. Etwa die Hälfte aller Schmetterlingsarten bei uns ist ausgerottet, vermutlich mehr als die Hälfte der Unkräuter; weltweit stirbt jeden Tag eine Tierart aus.

Der Luxus der Natur, das Un-Tier (der Mensch), lässt die Natur für ihren Luxus bezahlen. Kein Zweifel: sie schrumpft in der Mannigfaltigkeit der Arten, in der territorialen Zulassung, durch die systematische Verdrängung gewisser Biotope und in der Lebendigkeit ihrer grossen Reservate (der Meere).

Dass neuerdings Unkraut umkommt, ist nur *ein* Zeichen dafür (es gäbe noch andere): die belebte Natur hat ihre Mannigfaltigkeit aufs Spiel gesetzt, als sie den Menschen erschuf. Niemand weiss, wie lange sie es aushält, sein Ort der systematischen Vertilgung zu sein. Aber eines ist sicher: in diesem Prozess wird es einen Punkt geben, an dem der Mensch mit der Natur sich selber vertilgt. Er wird als globaler Schädling nicht überleben, sondern als Selbst- und Rückgeschädigter zugrunde gehen, und in seinem Verschwinden wird sich die Natur wortwörtlich ent-schädigen.

Es muss nicht so kommen. Aber wir sind fleissig daran, uns dieses Ende zu bereiten. Die Unerschöpflichkeit der Natur ist erschöpfbar geworden, zumindest auf unserem Planeten, und das dadurch, dass sich die Natur einen Exzentriker des Systems geleistet hat: den Menschen.

„Für Frieden in Gerechtigkeit und die Bewahrung der Schöpfung”

Was könnte es Wünschenswerteres geben, als dass Menschen sich zusammenfinden, um über „Frieden in Gerechtigkeit und die Bewahrung der Schöpfung” miteinander zu reden? Auch wenn die ökumenische Versammlung von Basel keine politischen Entschlüsse fassen konnte, weil die Politiker, die immer Wichtigeres zu tun haben, abwesend waren, so wurde doch ein Zeichen gesetzt, das auch sie nicht überhören können. Denn mit den Kirchen müssen sie rechnen. Die Symbole sind mächtiger als die Waffen, solange die Menschen nicht zu den Waffen greifen. Dass sie es nicht tun, hängt wesentlich davon ab, auf welche Symbole sie hören.

Und doch: Welch ein Unbehagen – wenn man den Titel der Versammlung ernst nimmt!

„Frieden in Gerechtigkeit!” Aber wo bleibt die *Freiheit?* Wenn der Friede nur das Schweigen der Waffen ist, so ist er ohne Gerechtigkeit denkbar und ohne Freiheit – aber niemals als dauerhafter Friede. Er wird erträglicher in Gerechtigkeit, aber nicht dauerhafter. Denn sie, die Gerechtigkeit, kann unterdrückend sein. Wenn Europa in diesem Jahrhundert eine grosse Erfahrung gemacht hat, so die: dass der Mangel an Freiheit – komme er nun von rechts oder links – den Menschen das Unerträglichste ist, unerträglicher noch als der Mangel an Gerechtigkeit. Deshalb darf die Freiheit in keiner Friedensutopie ausgespart werden.

Warum dieses Aussparen durch die Ökumene? Man wird den Verdacht nicht los, dass die Kirchen an der Freiheit des Menschen nicht sonderlich interessiert sind. Sie haben etwas Gegebenes, und das gilt es in Gehorsam anzunehmen. Da ist die Freiheit unbequem, jederzeit rebellisch, immer noch erobernd, respektlos, alles befragend und schaffend.

Was da bewahrt werden soll, war früher die erste Offenbarung: das Wort. Nun ist es die zweite, die Schöpfung. „Die Schöpfung bewahren" – wie bescheiden und fromm das doch klingt! Aber es ist pure Vermessenheit, im wortwörtlichen Sinn, und es hat mit den religiösen Traditionen nicht das geringste zu tun. Die Schöpfung ist nicht allein die Erde, sondern die Unermesslichkeit des Kosmos. Ihre Bewahrung kann nicht eine Aufgabe des Menschen sein, weil die Reichweite seines Handelns im Verhältnis zu ihr ganz unbedeutend ist. Wie sollten wir uns eine Pflicht dort setzen, wo unsere Macht nicht hinreichen kann? Man müsste also einige Kirchenleute und offenbar auch einen kritikvergessenen Philosophen fragen: „Für wie klein haltet Ihr die Schöpfung, dass Ihr Euch anheischig macht, sie zu bewahren?" Die Antwort wäre wohl: „Wir haben Schöpfung gesagt, aber die Erde gemeint und ihren Vorhof." Also: „Die Erde bewahren"? – ihre Biosphäre, ihre Bewohnbarkeit und die Fülle des Lebendigen? Dies *ist* eine Aufgabe des Menschen. Aber nicht die alleinige.

Die blosse Bewahrung war noch nie der Auftrag, den der Mensch sich in seiner Kultur gegeben hat. Er hat gehegt und gepflegt – schon das ist mehr als ein Bewahren

– und er hat immer verändert, um im Kampf des Lebens selber eine Chance des Überlebens zu haben. Der Gedanke der blossen Bewahrung beruht auf einer voreiligen Synthese, die die Natur mit einem Paradies-Garten verwechselt. Das ist das Eingangstor zum Öko-Kitsch, an dem die Natur – nun durch unsere Verharmlosungen – zugrunde geht.

Warum wird, so fragen wir auch hier, das Gewicht allein auf die Bewahrung gelegt? Wird da nicht die Liebe zur Natur mit einer konservativen Ideologie verwechselt? Und hat diese Verwechslung nicht wieder etwas mit dem anfänglichen Aussparen der Freiheit zu tun? Sie stutzt den Homo faber auf einen Konservator und die Natur auf ein lebendiges Museum zurück. Selbst wenn in diesem alle Arten bewahrt würden, so wäre doch der Mensch nicht bewahrt: das Wesen, das die Möglichkeit zur Freiheit hat und darin den Weg angetreten ist, die erste Natur der Erde – nicht des Kosmos – in eine zweite zu verwandeln.

Reden über Aids

Wenn eine grosse, aber noch unbekannte Gefahr sich ankündigt, reagieren wir Menschen *als Naturwesen* vorerst ähnlich wie Tiere: Furcht und Angst packen uns und geben das Signal zur Flucht, die wir vielleicht voller Panik und blind ergreifen. Sie kann uns das Leben retten, und insofern sind Angst und Furcht instinktgesteuerte *Vermögen,* die für die Überlebensstrategien der höheren Lebewesen fundamentale Bedeutung haben. Ohne sie käme ein beträchtlicher Teil der Natur früher zu Tode. *Menschlich* ist nicht, dass wir *keine* Furcht und *keine* Angst haben, sondern dass Angst und Furcht aus dem Umfeld von Panik und Blindheit befreit werden. Die *sehende* Angst ist die menschliche Angst – und um sie zu haben, braucht es Klarheit und Mut.

Nun gibt es indes Gefahren, vor denen wir nicht davonlaufen können, weil sie überall drohen, wo Menschen sind. Auch auf sie reagieren die Menschen vorerst fast immer ähnlich. Sie machen die neue Gefahr zu einem *Mythos.* Der erste Schritt besteht darin, dass man für sie einen *Namen* sucht. Er muss geheimnisvoll sein wie die Sache selbst: „Aids", „Gen", „Atom" – um nur an einige Mythenbildungen unserer Zeit zu erinnern. Dem Kernwort wird man eine geheimnisvolle Umfeld-Terminologie zugesellen: „HIV", „Retroviren", „Immunschwäche", „Makrophagen" u.a.m. All diese Wörter werden nun mit Gefahren *aufgeladen,* die eine schlechthin *apokalyptische*

Dimension annehmen. Man wird sagen, die „Krankheitspenetranz" des HIV sei nahezu hundertprozentig und es wirke immer tödlich. Aber woher kann man das *wissen*? Es zu wissen ist weder logisch noch praktisch möglich. Man wird ebenso sagen, die Krankheit breite sich unweigerlich epidemisch aus, ihr Wachstum verlaufe exponentiell in der und der Kurve. Sie gefährde ganze Völker, ja im schlimmsten Fall entvölkere sie, kleine Lebensnischen ausgenommen, den ganzen Planeten. Sie wird zum zivilen, aber in aggressiven militärischen Bildern beschriebenen Holocaust, und unversehens lebt man in der Stimmung, als ob der Holocaust schon da wäre. Nun bewertet man alles, was mit dieser Gefahr zu tun hat, negativ: Sie muss von unten kommen: von Tieren, von Afrikanern, von Randgruppen, von Sündern, und sie muss mit Niedrigem etwas zu tun haben: mit Perversitäten, Ausschweifung, Zügellosigkeit und Kriminalität. Man verbindet sie mythisch mit Schuld und Strafe und ist auch bereit, strafend zu reagieren, am liebsten durch Exkommunikation aus der Gesellschaft. Sie ist der Inbegriff des Bösen – und wer von ihr befallen ist, wird wissen, warum und muss weg.

Warum eignet sich Aids so vorzüglich zur Mythisierung? Es gibt fünf Gründe:

1. Das Virus hat fast *keine Geschichte*. Wir können seine Spuren bestenfalls wenige Jahrzehnte zurückverfolgen. Aber dort scheint es wie aus dem Nichts zu kommen. Es ist plötzlich da – ohne klare Herkunft – und bleibt dadurch rätselhaft.

2. Das Virus verhält sich überaus *„intelligent"*. Es be-

fällt nicht periphere Bereiche, die, gestützt durch zentralere, eine Chance im Kampf gegen es hätten. Es befällt das Zentrum der Abwehr (auch das ein militärisches Bild) und legt die Resistenz des Organismus lahm. Es setzt ihn matt. In seiner „Intelligenz" streift es das Diabolische.

3. Es ist gleichsam ein nicht festgelegtes Tier. Es hat eine grosse genetische *Plastizität* und eine damit verbundene Fähigkeit der Verwandlung. Es entgleitet jedem, der es zu kennen und zu packen glaubt.

4. Es ist allen bisherigen Therapien *unerbittlich überlegen* – mächtiger nicht nur als der befallene Organismus, sondern mächtiger auch als all das, was diesem von aussen zur Stütze zugeführt wird.

5. Seine Übertragung ist mit intimen *Tabu*bereichen verbunden, vor allem mit dem Geschlechtsakt. Da das Geheimgehaltene die Reproduktion der Gattung betrifft, streift es unweigerlich auch das *Geheimnisvolle* und tangiert den Menschen im Zentrum seiner Verletzlichkeit.

Ohne Anfang, unüberbietbar in der Intelligenz, sich jeder Fixierbarkeit entziehend, mächtiger als jede Gegenwirkung, ins Geheimnis des Menschseins reichend: das sind typische mythisch-metaphysische Eigenschaften, die man sonst dem Gott zuschreibt. Sie machen das kleine Ding da zum bösen Dämon, von dem die Menschen in so vielen Formen schon geträumt haben.

Wer so denkt und spricht, stellt sich auf Aids ein wie auf eine Macht, der er nicht entgehen kann, falls sie über ihn kommt. Er ist als *mögliches* Opfer zum voraus wie gebannt, und er eignet sich deshalb als *wirkliches* Opfer vorzüglich. Ist er einmal von der Krankheit befallen, erfüllt er unweigerlich das Schicksal, das er prophezeit hat – in der Meinung, nur zu wiederholen, was die Wissenschaft ja schon lange sagt. (Aber all das sagt nicht wirklich die *Wissenschaft,* sondern lediglich mythisierende Wissenschaftler, die das kritische Bewusstsein verloren haben.) Die Opfer vor und neben ihm aber wird er fliehen wie Gezeichnete. Aus seinen Beziehungen zu ihnen verschwindet alle Humanität. Aids ist deshalb als Mythos gefährlich, weil dieser auch psychologisch den Widerstandswillen bricht und zur Unsolidarität verführt. Dennoch kann der Mythos *vorübergehend* notwendig sein, weil nur er das Gefahrenbewusstsein in allen zu wecken vermag. Aufklärung allein ist zu schwach dafür und vielen zu anstrengend und zu langweilig. Der Mythos von der unerhörten Gefahr aber fesselt und schreckt auf. Das ist seine legitime und gesellschaftlich unverzichtbare Funktion. Wo sie erfüllt ist, *muss* er verlassen werden, weil er, als Apokalypse, in der Verzweiflung endet.

Wer sich der Mythenhaltigkeit seines Redens und Denkens über Aids bewusst wird, sucht vermutlich nach einer neuen Orientierung an den sogenannten *nackten Tatsachen.* Er wird nun zur Kenntnis nehmen, dass zum Beispiel in der Schweiz seit Bekanntwerden der Krankheit bis Mitte 1990 lediglich 1354 Krankheitsfälle registriert worden sind und dass im Schnitt auf eine Million Einwohner pro Jahr nur etwa 28 Menschen (0,028 ‰) akut erkrankt und nur 16 (0,016 ‰) gestorben sind. Das durchschnittliche Mortalitätsrisiko war also $1{,}6 \times 10^{-5}$ pro Person und Jahr. Keine Spur von Epidemie! Grippe, Radfahren, Rauchen, Hausarbeit, Bergsteigen, kurz: ungefähr alles ist gefährlicher als Aids. Nun kann seine Apokalyptik umbrechen in eine „Wir-wollen-doch-mal-auf-dem-Boden-bleiben"-Mentalität, in einen leichtsinnigen *Pseudorealismus* also, der sich zur Selbstbestätigung unablässig Hoffnungen erfindet, etwa von der Art: dass der weit überwiegende Teil der Infizierten gar nicht erkranke, dass die Anstiegskurve von Aids schon abflache, dass bestimmt in kurzer Zeit ein Impfstoff auf dem Markt sei, dass Aids eine Episode in der Geschichte der schweren Krankheiten bleiben werde und dass der Mensch noch mit jeder Bedrohung fertig geworden sei. Das sind lauter ungedeckte Checks. Die Einstellung dahinter ist weder nüchtern noch realistisch, sondern *illusionär,* weil sie nicht weiss, was ein Risiko ist, nämlich etwas, das als *Möglichkeit* eine gewisse Wahrscheinlichkeit hat, aber nicht als *Faktum gegeben* ist, bis die Möglichkeit eben doch umbricht ins Faktische. Er verhält sich wie einer, der den Tod nicht fürchtet, weil er ja noch lebt. Eine Haltung der dümmlichen Unbekümmertheit und der *Vorsichtsverweigerung* wird ihn prägen, und eben das prädestiniert auch ihn für die Krankheit. Er wird zur aktiven sozialen Gefahr und kann, solange er nicht selber betroffen ist, das Elend der Betroffenen nicht verstehen.

Die illusionäre Hoffnung angesichts von Aids ist somit nur die *einfache Negation* des Mythos Aids. Gemeinsam ist beiden, dass sie nicht unterscheiden zwischen Möglichkeit und Wirklichkeit. Der Mythos nimmt die *schlimmste* Möglichkeit als jeweils gegeben an und projiziert sie in eine vermeintlich notwendig hereinbrechende Apokalypse, die Illusion dagegen nimmt die *günstigste* als gegeben an und setzt auf sie in einem leichtsinnigen Glauben. Beide vergessen, dass sie lediglich *Hypothesen* vorgeben, über die die Wirklichkeit und nicht eine andere Hypothese zu Gericht sitzen wird. Der apokalyptischen Einstellung kann man wenigstens den existentiellen Ernst nicht absprechen. Insofern hat sie ein anderes Gewicht als der illusionäre Glaube, der in seinem Leichtsinn ebenso gefährlich wie verächtlich ist. Aber als *Durchgangsmoment* kann er legitim und vielleicht sogar heilsam sein: als Erinnerung an eine vordergründige Faktizität, die uns aus der Bannung durch den Mythos löst.

Wer erkennt, dass die Illusion nicht die Alternative zum Mythos sein darf, wird einen anderen Durchbruch zur Wirklichkeit suchen: die Orientierung am *wissenschaftlich* gesicherten Material und am ärztlich-technisch Machbaren. Er findet nun eine nüchterne Sprache, die differenziert zwischen dem, was man weiss, und dem, was man vermutet, eine Sprache also, die Extrapolationen nicht für Fakten hält, sondern für *konditionale Sätze,* etwa von der Art: Wenn Aids sich im gegenwärtigen Tempo weiter ausbreitet – die akuten Fälle also jährlich sich nahezu verdoppeln –, dann werden wir bis Mitte 1993 in der Schweiz zirka 10'000 akut Kranke registriert haben, von denen die Hälfte gestorben sein wird. Wenn die Todesfälle in der gegenwärtigen Kadenz zunehmen, wird es 1992 weit mehr Aids-Tote als Verkehrs-Tote geben. Der epidemische Charakter der Krankheit wäre dann unbestreitbar. Er kann nun eine Vielzahl solcher wenn ... dann-Sätze bilden, sofern er die bisherige Geschichte von Aids kennt. Er wird dabei methodisch immer gleich vorgehen: er wird die bisherige Entwicklung in die Zukunft verlängern und dabei *die* Möglichkeit eines exponentiellen Wachstums vor Augen bekommen, die eintrifft, wenn ... Aber er weiss, dass die Wirklichkeit günstiger oder schlimmer sein kann. *Wie* sie sein wird, hängt auch von Faktoren ab, die er vielleicht noch nicht kennt und nicht kennen kann. Insofern weiss er auch, dass er nicht wirklich weiss, und denkt somit skeptisch über seine Prognosen.

Mit gleicher Nüchternheit wird er über das ärztlich Notwendige nachdenken. Falls sich Aids zu einer Epidemie ausweiten sollte, was müsste dann getan werden? Man ist schon verloren, wenn eine Epidemie nicht *früh* genug erkannt wird. Man muss Aids also als *mögliche* Epidemie ernst nehmen, bevor es wirklich eine ist. Die Infektionsherde müssen ermittelt werden, nach Möglichkeit lückenlos. Und nun muss man die Infektionsketten unterbrechen, indem man die Herde isoliert. Das Programm ist umzusetzen im Rahmen der besonderen Gegebenheiten *dieser* Krankheit.

Spätestens hier wird sich die Kritik auch angesichts der wissenschaftlich-technischen Sprachspiele melden, und zwar auf zwei Ebenen:

1. Falls wir nicht selber in der Aids-Forschung tätig sind, müssen wir das Material, das uns vorgelegt wird, gutgläubig hinnehmen. Über alle Wissenschaft ist für den Laien der *Mehltau des Glaubens* gelegt. Aber: *Wie* haben die gemessen, die sagen, *dass* sie gemessen haben? Wie entmythisiert und vom Leichtsinn befreit waren sie selber? Nicht immer entspricht die nüchterne Sprache der

Wissenschaftler einer wirklich nüchternen Haltung, und nichts garantiert, dass diese nüchterne Sprache wirklich an die Wirklichkeit herankommt. Der prinzipiell *reduktive* Charakter von Wissenschaft lässt eher vermuten, dass sie die volle Wirklichkeit *nicht* trifft. Ihre Wahrheit von heute ist der Irrtum von morgen.

2. Auch wenn wir annehmen, dass die Wissenschaft gute Arbeit leistet, bleibt ihr nüchtern technisches Programm des Notwendigen und des Machbaren kalt und in der reinen Technizität gefährlich. Wie soll man die Infektionsherde lückenlos ermitteln, wenn sie überall sein können und von grosser Mobilität sind? Wie soll man die Infektionsketten unterbinden, wenn sie über die *Intimität* laufen? Das Programm setzt als Zwang einen *Intimitätstotalitarismus* und eine rigorose Marginalisierung von Gefährdungsgruppen voraus. Es verletzt die Menschenrechte, und zwar immer dann, wenn es sich in seiner Pragmatik selbst genug sein möchte, das heisst, wenn es einen Zweck rein und *eindimensional* verfolgt. Das wissenschaftlich und technisch Machbare findet seine Grenzen an der Akzeptanz und an der Moral. Ja selbst seine Effizienz ist begrenzt. Die Nüchternheit der wissenschaftlichen Einstellung gegenüber *Aids* ist zwar unverzichtbar. Aber ist sie auch am Platz gegenüber einem Aids-*Kranken*? Sie muss in der *Diagnostik* unbedingt vorherrschen. Aber auch in der *Therapie*? Innerhalb des helfenden ist wissenschaftliches Handeln nur *ein* Moment, wenn auch in vielen Fällen das entscheidende. Aber was hilft noch, wenn die Medizin nicht mehr rettend helfen *kann*? Die Wissenschaft darf sich jedenfalls dann

nicht so geben, als ob sie *nicht* scheitern könnte. Sie ist *bessere* Wissenschaft, wenn sie ihre Grenzen anerkennt. Wenn sie diese *wirklich* anerkennt, ist sie bereit, sich dem anderen auch zu öffnen, das weder Mythos noch Illusion ist.

Ein anderes ist die *Moral.* Sie zeigt nicht, was *ist,* sondern sagt, was sein *sollte* oder geschehen *müsste.* Sie hat deshalb nicht eine rein sachliche Sprache entwickelt, sondern eine *wertende;* nicht bloss eine feststellende und darin beschreibende, sondern bald eine *subjektiv appellative,* bald eine *objektivierend normative.* Wer in ihr über Aids spricht, *fordert* etwas. Aids scheint sich für diese Sprache zu eignen, weil man in der Regel etwas *tun* muss, um diese Krankheit zu bekommen, etwas, das man *unterlassen* könnte. Dass man es unterlassen *könnte,* ist das Entscheidende – und eben dort setzt die Moral an. Denn das Unterlassen der möglichen Unterlassung kommt, rechtlich *und* moralisch, einer aktiven Tat gleich und steht im Umfeld der Schuld.

Aber ist es nicht verfehlt, im Umkreis von Krankheit und Kranksein von *Schuld* zu reden? Hat *alle* Krankheit etwas mit Schuld zu tun, weil wir, bald bewusst, bald unbewusst, unsere Krankheiten wählen? Oder gibt es Krankheiten, die wir uns mutwillig zuziehen, und andere, die uns von aussen zufällig treffen? Oder ist es noch komplizierter: Kann man für die gleiche Krankheit *entweder* schuldig *oder* unschuldig sein? Ist zum Beispiel der durch eine Bluttransfusion infizierte Aids-Kranke unschuldig oder der durch Geschlechtsverkehr infizierte schuldig?

Mir scheint: das Krank*sein*, also das Erleiden einer Krankheit, zumal einer so schweren, sollte man von der Frage nach der moralischen Schuld abkoppeln. Aber nicht die *Krankheit*, die man nicht bloss *erleiden*, sondern auch *weitergeben* kann. Wer wissentlich und mutwillig, vielleicht täuschend, vielleicht auch bloss schweigend, den anderen der Gefahr einer Infizierung aussetzt, macht sich fraglos in einem gravierenden Sinn schuldig. Aber nicht, sofern der andere weiss und das Risiko des Krankwerdens wählt. Überhaupt wird derjenige, der sich die Krankheit zuzieht, ob nun wissend oder nichtwissend, nicht schuldig. Es gibt ein Recht auf Krank*sein*, aber keines darauf, *andere krank zu machen*.

Im übrigen wäre es besser, nicht von Schuld zu reden, sondern von *Verantwortung*. Die Schuldfrage nämlich orientiert sich am *Verursacherprinzip*. Wer etwas verursacht und dabei *zurechnungsfähig* und einigermassen *frei* ist, von dem sagen wir, er sei schuld daran, dass ... Nun verursacht kein *Mensch* Aids, sondern ein *Virus*. Aber Menschen verursachen die *Übertragung* von Aids, meistens im Geschlechtsakt. Wer im Zusammenhang mit Aids von Schuld spricht, zielt deshalb fast immer auf eine Moralisierung der Geschlechtlichkeit. Er spricht von Krankheit und Ethik, aber meint eigentlich sexuelle Prohibition. Er ist nicht wahrhaftig, sondern ein Moralist oder ein Frömmler.

Verantwortung dagegen fragt nicht bloss nach der Verursachung von Aids, sondern danach, wie angesichts von Aids und unter der Belastung mit Aids ein vernünftiges Leben noch möglich sei. Nicht *dass* ich Aids *habe*, muss ich also verantworten, sondern wie ich als Gesunder und als Aidskranker mein Leben in Kommunikation mit anderen Menschen führe. Diese Verantwortung kann weder ein Gesunder noch ein Kranker ablegen oder abschieben, wie auch immer er zu der Krankheit gekommen sein mag.

Die fordernde Sprache der Moral gleitet so leicht in das wertende Belehren eines anderen oder aller anderen ab! Man sagt ihm oder ihnen, was getan werden müsste – mit der heimlichen Tendenz, sich selber auszunehmen. So wird indes nicht mehr moralisch, sondern moralisierend gesprochen. Alles *Moralisieren* gründet im Pharisäertum. Es ist eine Krankheit aus Selbstgerechtigkeit und darin die Verkehrung der Moral und ihre Abschiebung auf andere. Wer moralisiert, hat die Moral verlassen.

Moral spricht also, so bedeutet das, *uns* an. Mehr noch: In moralischen Sätzen *sprechen wir uns an.* Wir fordern etwas *von uns* selber. Wir sind sowohl das *Subjekt* der fordernden Sprache als auch das *Objekt* der Forderung. Nur sofern wir die Forderung *selber* beherzigen, dürfen wir zugleich hoffen, dass auch der *andere* ihr zustimmt. Denn es gibt keine legitime Möglichkeit, ihn zur Zustimmung zu zwingen. Dies ist allein der *Legalität,* also dem Gesetz, vorbehalten. Eine Folge ist: Die Gesunden können nicht die Moral der Kranken unter sich ausmachen. Sie sind für diese *nicht* die moralische Instanz. Aber sie können *mit* ihnen reden.

Dabei zeigt sich bald die Schwierigkeit, dass moralische Überzeugungen eine *unterschiedliche Herkunft* haben. Sie können in langer Gewohnheit der Gesellschaft erwachsen sein, der ich angehöre. Man könnte dann von einer ethnischen oder einer *kulturspezifischen* Moral sprechen. Wenn ich ihr zustimme, sie mir also zu eigen mache, wird vermutlich mein Ansinnen gross sein, dass auch die anderen sich ihr unterziehen. Eine solche Moral sedimentiert sich meist in *Sitten und Gebräuchen* und im ungeschriebenen Kodex einer verletzlichen öffentlichen Meinung. Sie wird durch den gesellschaftlichen Druck *allgemein* und zu einer fremdbestimmenden Macht und dadurch zu einer heteronomen, einer fremdgesetzlichen, auferlegten Moral.

Diese öffentliche Moral, mit der man übereinstimmen kann oder nicht, ist durch Aids in eine heikle Lage geraten. Über Jahrzehnte hat sich, umstritten und unter ständigen Rückfällen, die Akzeptanz für eine grössere sexuelle Liberalität langsam durchgesetzt. Nun ist es plötzlich, als ob sich diese Liberalität durch die Risiken von Aids selber falsifizieren würde. Das ruft zwar die Moralisten von gestern auf den Plan, aber ändert nicht schlagartig das sexuelle Verhalten derer, die sich in eine andere Freiheit eingelebt haben. Die *autonome individuelle Moral* muss, weil sie beweglicher ist, die Normen angesichts der neuen Situation finden. Es sind vor allem drei:

1. *Aufklärung* über Aids soll ohne Einschränkung sein.
2. Die sexuelle Freiheit verlangt *Selbstdisziplin.*
3. Das Leiden an Aids verlangt *Solidarität* mit den Kranken.

Was heisst das?

1. Es muss alles geschehen, damit ein adäquates *Risikobewusstsein* in allen Schichten und in allen betroffenen Lebensaltern sich durchsetzt. Das kann nicht erreicht

werden ohne *öffentliches* Gespräch und ohne den gezielten Einsatz der *Massenmedien.* Das wiederum setzt den Bruch mit tradierten Werten und *Tabus* voraus. Denn *adäquat* wird das Risikobewusstsein erst, wenn unser Wissen über Aids entmythisiertes, moralinfreies und tabuloses Wissen ist.

2. Dem Risikobewusstsein entspringt die Forderung der *Selbstdisziplin.* Sie mag für verschiedene Menschen Unterschiedliches bedeuten: für den einen die Forderung der Enthaltsamkeit, für den andern der Monogamie und für den dritten der Vorsicht. Gemeinsam ist ihnen nicht der Verzicht auf geschlechtliche Liberalität, sondern das *negative Regulativ,* nichts zu tun – sofern es an uns liegt –, was die Krankheit ausbreiten könnte: das Unterlassbare also zu lassen, ob wir nun gesund oder krank seien.

3. Auf dem Fundament der Aufklärung und der Selbstdisziplin wird eine uneingeschränkte *Solidarität* mit den Infizierten und den akut Kranken möglich. Denn sie sind nicht permanente Mikrobendiffusoren, sondern hochgradig gefährdete, aber nicht unweigerlich gefährdende Menschen. Letztlich müssen wir an sie gar keine moralischen Forderungen stellen, sondern lediglich an uns selbst. Es genügt, dass *wir* uns danach verhalten. Aids ist nicht ein theoretisch schwieriges Problem der Moral, sondern lediglich ein praktisch schwieriges der Disziplin.

Dennoch wird sich kein vernünftiger Mensch der Illusion hingeben, die Moral könne Aids wieder zum Verschwinden bringen. Dies wird, wenn überhaupt, nur die Medizin bewirken. Aber es fragt sich, ob und wie lange die Moral, die *individuell* ein verlässlicher Schutz sein kann, auch *gesellschaftlich* eine hinreichende *Gefahrenbegrenzung* ermöglicht. Sollte das nicht oder nicht lang genug der Fall sein – man muss es aus mehreren Gründen befürchten –, so wird das Umfeld von Aids vermutlich einer speziellen Verrechtlichung unterzogen werden. Schritte darauf hin sind bereits getan worden. Recht ist, im Unterschied zu Moral, immer mit *Zwang* und *Sanktion* verbunden. Es appelliert nicht bloss, sondern gebietet und verbietet *drohend.* Ist es schon deshalb eine hinreichende Gefahrenbegrenzung? Auch dieser Illusion wird sich kein vernünftiger Mensch hingeben. Noch kein Delikt ist verschwunden, weil Gesetze gegen es erlassen worden sind. Vielmehr ist es durch diese erst zum *Delikt* geworden und hat sich in der Folge, wenn immer möglich, in ein Dunkel zurückgezogen. Aber gerade dies dürfte nicht geschehen. Die Paradoxie ist überdem altbekannt: Recht wirkt präventiv dort am nachhaltigsten, wo es sich auf das moralische Bewusstsein eines Kulturraums abstützen kann. Bloss: dort ist es am wenigsten notwendig. Dass dem Recht aber die Kraft der *Prävention* zukäme, wäre bei Aids das schlechthin Entscheidende. Denn es soll ja die vermeidbare Ausbreitung der Krankheit *verhindern.* Jede Strafe wäre deshalb ein Eingeständnis in das Versagen dieses Rechts. Sie brächte danach nichts mehr in Ordnung, weil die Infizierung *irreversibel* ist. Sollte diese aber heilbar werden, würde vermutlich auch das Gesetz obsolet. Es ist im Intimbereich ohnehin auf verlorenem Posten.

Auf keinen Fall aber dürfte Recht so beschaffen sein,

dass es die Ausbreitung von Aids begünstigt. Das geschieht mit Sicherheit durch den rechtlichen Umgang unserer Gesellschaft mit den Suchtkranken und den Rauschgiften. Die weltweite Rauschgift-Prohibition hat die Preise für die Stoffe, vor allem für Heroin und Kokain, in derartige Höhen getrieben, dass Suchtkranke zu den nötigen Mitteln: 300 bis 400 Franken pro Tag, nur durch Kriminalität und Prostitution kommen. 40 Prozent der Aidskranken sind heute suchtkrank. Ihr primäres Leiden war nicht Aids, sondern Drogenabhängigkeit. Nicht wenige von ihnen arbeiten in der Prostitution. Sie sind die gefährlichsten Infektionsherde. Um die Verkettung Drogen – Aids – Prostitution zu unterbinden, genügt das Verteilen von Einwegspritzen keineswegs. Der Stoff selber muss, unter ärztlicher Kontrolle, gratis abgegeben werden. Das würde wahrscheinlich mit einem Schlag auch das kriminelle Umfeld der Drogen aufheben. Unglaubliche Summen – man spricht weltweit von 300 bis 500 Milliarden Dollar – würden einer anderen Verteilung zufliessen. Warum das nicht längst geschieht, ist schwer zu sagen. Vermutlich aber wird die rechtliche Prohibition der Drogen durch einen Moralismus gestützt, der vorläufig in der Gesellschaft fest verankert ist und ein neues Betäubungsmittel-Gesetz, ein Gesetz in Anbetracht von Aids, verhindert.

Wenn das Recht und die Moral versagen, die Medizin scheitert, der Mythos zur Verzweiflung und die nackte Faktizität zum Leichtsinn verführen, und wenn der pragmatisch-politische Eingriff selber gefährlich wird, scheint der Geist am Ende seiner Möglichkeiten angekommen zu sein. Es gibt dort zwar noch die andere Hoffnung, die *religiöse.* Aber sie lehrt das Ertragen und nicht das Kurieren der Leiden, die Demut und nicht die aktive Revolte. Sie kann individuell eine Hilfe sein, aber gesellschaftlich auch eine Gefahr, nämlich als der Mythos mit dem verheissenen guten Ende. Der Chiliasmus ist der Bruder der Apokalypse. Wir sollten uns ihn, angesichts der Leiden anderer, nicht erlauben. Uns bleibt die Aufgabe, diese Krankheit, die im Prinzip überwindbar ist, zu bekämpfen – ohne Illusion, aber auch ohne Verzweiflung.

Sucht und Freiheit

Das Wort „Sucht" bedeutet ursprünglich „Krankheit". In diesem alten Sinn, der zurückgeht auf das Adjektiv „siech" (= krank sein), ist es uns in vielen Zusammensetzungen heute noch vertraut: die Hepatitis etwa nennen wir als die Krankheit, die uns gelb macht, „Gelbsucht", die Epilepsie als die Krankheit, die uns umfallen lässt, „Fallsucht" und den Hydrops als die Krankheit, die zu viel Wasser in unsere Gewebe treibt, „Wassersucht". Wir wissen nicht genau, wie es geschehen konnte, dass dieser Sinn allmählich einem neuen Platz machte. Im Wort „Mondsucht" ist vielleicht die alte Bedeutung „Krankheit" noch mitgemeint, füllt aber den Sinn des Wortes nicht mehr aus. Im Wort „Sehnsucht" wird der Bedeutungswechsel offenbar. „-sucht" meint nun ein starkes, ein unabweisbares Verlangen. Man ist süchtig *nach etwas.* Eine falsche Etymologie verband nun „Sucht" mit „suchen". Das klassische Beispiel dafür ist die Erklärung der Eifersucht, die Schleiermacher zugeschrieben wird, aber bei ihm nicht nachgewiesen werden kann: „Eifersucht ist eine Leidenschaft, die mit Eifer sucht, was Leiden schafft." „-sucht" wird darin irrtümlich ausgelegt als unablässige und eifrige Suche, als Begehrungszwang, der sich selber immerzu erneuert und fortzeugt und den Menschen in schwer erträgliche Leiden treibt.

Wenn wir heute von „Sucht" und „Süchtigen" reden, legen wir diese Wörter vorerst in der modernen Bedeutung aus. Süchtige sind Menschen, die von etwas, das an sich nicht lebensnotwendig ist, nicht lassen *können.* Es sind Verzichtsgestörte, ja partiell Verzichtsunfähige und deshalb Abhängige. Ein immer gleiches Verlangen legt sie dermassen auf einen Konsum oder ein Handeln fest, dass sie dem Wiederholungszwang in immer kürzeren Kadenzen nicht mehr entrinnen können. Eine Sucht im engen Sinn ist diese Abhängigkeit und dieser Zwang.

Genau hier öffnet sich die moderne Auslegung wiederum der alten: Falls es nämlich zur Gesundheit eines Menschen gehört, dass er auf das objektiv Verzichtbare auch subjektiv verzichten *kann*, dass er sich also nicht von ihm zu sehr schädigen lässt oder gar an ihm zugrunde gehen *muss*, so ist die Unfähigkeit zum Verzicht oder eben der Wiederholungszwang eine Krankheit, die weitere Krankheiten zur Folge hat. Als Suchtdefinition schlage ich deshalb vor: „Süchte nennen wir jene Krankheiten, die es sehr schwer oder unmöglich machen, auf die fortgesetzte Wiederholung von Verhaltensweisen selbst dann zu verzichten, wenn diese in gravierender Weise schädigen." Oder auch: „Sucht ist der krankhafte und fortgesetzte Wiederholungszwang, der Selbstschädigung bewirkt."

Die Süchte sind ein weites Feld. Um es nicht vorschnell einzuengen, wollen wir zwei Typologien aufstellen, eine vom Subjekt und eine vom Objekt der Abhängigkeit her:

Vom *Subjekt* und somit vom Süchtigen her lässt sich unterscheiden: 1. Die Abhängigkeit kann rein *psychischer* Art sein wie zum Beispiel in der Spielsucht. Wir sprechen dann meist von einer *Leidenschaft* und sagen etwa, der und der sei ein leidenschaftlicher Spieler. Das ist aber nicht ganz präzis gesprochen. Man kann nämlich leidenschaftlich im Spiel sein und auch leidenschaftlich gerne spielen, ohne der Spielsucht im geringsten verfallen zu sein, und man kann nüchtern professionell spielen und dennoch ganz und gar abhängig sein. Das Aufhören- und das Verzichtenkönnen ist der Gradmesser für beides. – Die Abhängigkeit kann 2. *somato-psychischer* Art sein, zum Beispiel im Drogenkonsum. Dann verlangen auch körperliche Entzugserscheinungen periodisch die Wiederholung. Je gebieterischer die körperlichen Entzugsleiden sind, desto eher sprechen wir von einer Sucht im engeren Sinn. Aber das ist wiederum nicht unproblematisch, weil es a) vermutlich kein gesteigertes körperliches Verlangen ohne ein gleichzeitiges seelisches gibt und weil b) wir auch die suchtlosen intensiven Entzugsleiden kennen, etwa den Hungerschmerz, der mit der eigentlichen Ess-Sucht nichts zu tun hat. Süchte können also rein psychische und gemischt somato-psychische Abhängigkeiten sein, aber niemals rein somatische. Die Ubiquität in der Sucht ist das *seelische* Moment und nicht das körperliche. Deshalb sollten nie Somatologen allein Süchte behandeln.

Vom *Objekt* unserer Abhängigkeit her können wir Aktions- und Konsumptions-Süchte unterscheiden. Von einer *Aktionssucht* spreche ich dann, wenn ein Mensch auf gewisse Tätigkeiten selbst dann nicht verzichten kann, wenn er weiss oder spürt, dass sie ihn schwer schädigen. Man könnte wiederum die Spielsucht nennen und auch die Arbeitssucht. Ihr Subjekt ist der Homo ludens und der Homo laborans, deren Abhängigkeit rein psychischer Art ist. – Von einer *Konsumptionssucht* spreche ich dann, wenn auf die Einnahme im weitesten Sinn von etwas nicht mehr verzichtet werden *kann*, obwohl es nicht allgemein lebensnotwendig ist. Subjekt ist hier der Homo consumens. Innerhalb der Konsumptionssüchte liessen sich unterscheiden: a) die Hardware-Süchte und b) die Software-Süchte. Die *Hardware-Süchte* wären die Abhängigkeiten von Stoffen verschiedenster Art: Alkohol, Nikotin, Medikamenten; von Opiaten, Cannabis, Kokain: also den klassischen, aber auch von anderen Drogen, schliesslich von Esswaren in krankhaft grossen oder krankhaft kleinen Mengen. *Software-Süchte* wären die spezifisch neuen Abhängigkeiten im Medien-Zeitalter von nicht-intentionalen Berieselungsverfahren durch Geräusch, Geflimmer und reduzierter Information aller Art. Hier ist die Abhängigkeit rein psychischer Art, während sie bei den Hardware-Süchten meist, aber in unterschiedlicher Mischung, somato-psychischer Art ist.

Manchmal ist die Zuordnung ungewiss. Wohin gehören die erotomanen Süchte? Sind sie eher Konsumptions- oder Aktionssüchte? Gehören auch gewisse Rollensüchte, zum Beispiel Herrschsucht, zu den Aktionssüchten? Ist die Habsucht eine Konsumptions-Sucht und die Eifersucht eine Folgesucht der Habsucht? Oder haben wir es bei solchen Phänomenen nicht mehr mit Süchten im eigentlichen Sinn zu tun?

Wie dem nun sei: bevor wir uns auf die Hardware-Süchte beschränken, muss das Bewusstsein geweckt werden, dass sie keineswegs die einzigen sind, sondern nur die klassischen, die auf dem Schema beruhen, dass die somato-psychische Abhängigkeit des Homo consumens in fortgesetzter Wiederholung nach gleichen oder ähnlichen Stoffen verlangt, die ihn à la longue schädigen und schliesslich ruinieren, falls er von ihnen nicht loskommt.

In diesem klassischen Verständnis ist jede Sucht eine zwanghafte Relation eines Subjekts zu einem Objekt. Was aber trägt in die Relation den Zwang? Wirken die Objekte, die Stoffe, schlechthin bindend und unterwerfend? Oder geht ihnen im Subjekt gleichsam eine *Disposition* zur Abhängigkeit voraus? Wir müssen die zweite Hypothese jedenfalls immer mitbedenken. Stoffe wirken bindend erst durch die Wiederholung einer Einverleibung in gewissen Mengen. Woher also die Wiederholung *vor* der somatischen Abhängigkeit? Selbst wenn es einmal den Stoff geben sollte, der Abhängigkeit schon durch kleinste einmalige Mengen schafft, bliebe die Frage zu beantworten: Und warum konsumiert ihn der eine und der andere nicht? Es sind, als Grenzfälle, Menschen denkbar, denen alles, und Menschen, denen nichts, auch nicht der Konsum von Drogen, zur Sucht wird. Wer also Drogen nimmt, ist deshalb noch nicht süchtig. Der Sucht-Typ und die Disposition zur Sucht sind Züge des *Persönlichkeitsprofils*, die vor der allmählichen Fixierung einer bestimmten Sucht ausgeprägt sein können. Das macht es so schwierig, angemessen von der Freiheit im Verhältnis zur Sucht zu sprechen.

In der Philosophie ist nicht nur umstritten, *was* Freiheit sei, sondern auch, *ob* sie überhaupt sei. Denn wir können sie in einem strikten Sinn nicht nachweisen. Das liegt im Wesen der Kausalität und in der Vorliebe für kausale Forschung begründet, deren Struktur immer ist: weil es diese und diese Ursachen gibt, *müssen* diese und diese Wirkungen daraus folgen. Auch wenn wir nicht mehr von Ursachen, sondern lediglich von Motiven und Anreizen sprechen, neigen wir zu einer ähnlichen Deutung der Folgen. Sollten wir aber davon absehen, liesse sich die Verbindung der Glieder nur noch *vermuten,* aber nicht mehr nachweisen. Philosophisch bedeutet das: Wir *glauben* entweder an die Freiheit oder eben nicht, und wir leben dann aus dem Glauben an sie oder aus dem Glauben an die Determiniertheit unseres Handelns. Es ist aber sinnvoll, sich für den Glauben an die Freiheit zu entscheiden, weil wir uns in ihm besser verstehen können und weil er eine vernünftigere Gesellschaft ermöglicht. Warum können wir uns schuldig fühlen? Warum spüren wir die Last einer Verantwortung? Warum stellen wir überhaupt Forderungen an uns? Die Antwort ist jedenfalls plausibel: Weil wir an Freiheit glauben und uns für frei halten.

Was aber ist diese Freiheit in uns? Wiederum nicht ein Datum oder ein Faktum, sondern eine *Möglichkeit* und ein *Vermögen:* die Möglichkeit nämlich, überhaupt verschiedene Möglichkeiten zu haben, und das Vermögen, zwischen alternativen oder gar konträren Möglichkeiten wählen zu können, also von äusseren oder inneren Schranken nicht so eingeengt zu sein, dass wir keine Wahl und keine Chance der Verwirklichung des Gewählten mehr haben. Das Freiheitsempfinden ist somit doppelter Art: ein gleichsam radiales Empfinden der Entgrenzung und der Offenheit für Möglichkeiten und ein intentionales Empfinden der Entschlussfähigkeit, also der willentlichen Bindung seiner selbst, *eine* Möglichkeit zu verwirklichen. Diese Auslegung von Freiheit ist zu trennen vom rechtlichen und vom moralischen Freiheitsverständnis. Ich bin *rechtlich,* aber nicht in jedem Fall moralisch, zu allem frei, was erlaubt, also weder verboten noch geboten ist, und ich bin *moralisch,* aber vielleicht nicht rechtlich, zu allem frei, was ich verantworten kann.

In bezug nun auf die Hardware-Süchte – ich denke jetzt vor allem an Drogen – wird Freiheit in vielen Nuancierungen zum Problem. Ich spreche vorerst von drei Arten der Freiheit des Konsumenten und dann von ihren Eingrenzungen durch Kulturismus, Recht und Moral:

Es gibt 1. eine *philosopische* Freiheit *zu* Drogen *vor* deren Konsum. Damit meine ich lediglich, dass wir anfänglich das innere Vermögen zur Wahl haben, ob wir Drogen nehmen wollen oder nicht. Diese Wahl hat vielleicht ihre psychologischen Grenzen an der Disposition einer Person zu Süchten, ihre rechtlichen an der Prohibition des Konsums und ihre moralischen in den Bedenken, ob wir überhaupt etwas tun dürfen, was uns um die Fähigkeit zu moralischen Entscheiden bringen könnte. Dennoch haben wir vorerst prinzipiell die Möglichkeit der Wahl, und wir entscheiden auch faktisch, selbst wenn uns der Entscheid nicht bewusst werden sollte.

Es gibt 2. eine Art von Freiheit *unter* der Drogeneinwirkung. Man könnte sie anfänglich als ein Empfinden der Entgrenzung beschreiben, später zusätzlich als Entlastung von den Entzugserscheinungen, die der plötzlichen Schmerzbefreiung verwandt ist. Es ist die *Binnenfreiheit* der Drogistik, die, als vermeintliche Sinnes-, Empfindungs- und Gedankenerweiterung, als Glücksgefühl, kosmisches Einverständnis und als Ekstase zum *Genuss des Freiseins* wird. Sie ist nicht bloss ein Surrogat von Freiheit, aber ein Rudiment: Freiheit, die nichts mehr zu wählen oder zu entscheiden hat, weil sie schon angekommen ist. Sie ist das Danaergeschenk der Drogen, das gleichsam die Tore der Seele für die Wiederholung öffnet und so vorerst eine psychische Abhängigkeit schafft.

Diese Nähe von Freiheitsgefühl und Droge ist merkwürdig. Hat am Ende die Freiheit selber etwas von einer Droge? Ist sie, als Idee, als Möglichkeit der Offenheit, besonders aber als Freiheitsempfinden, die Software-Droge der Abendländer, ohne die wir den Leistungsdruck der Technokultur, der doch faktisch unser Leben bestimmt, nicht aushalten könnten? Der zunehmende Konsum von Freiheit als offene Frei*zeit* lässt es vermuten. Man kann paradox formulieren: Wir sind abhängig davon, dass wir Freiheit haben.

Es gibt 3. eine Freiheit *über* die Droge, die nicht das gleiche ist wie die Freiheit zur Droge vor deren Konsum, sondern eine Freiheit auch zum Verzicht auf die Droge *nach* deren Konsum. Sie ist die Freiheit als *Unabhängigkeit,* die nur in der Disziplin des Masses gewahrt werden kann. Wo sie erreicht wird, ist eine *Kultur* im Umgang mit Drogen geschaffen, die an sich mehr ist als die blosse Abstinenz in der Prohibition. Eine Drogen-Kultur nenne ich also einen individuell oder gesellschaftlich standardisierten Konsum, der nicht mit dem Verlust der Freiheit verbunden ist.

Die Freiheit vor der Droge und die Freiheit über sie

sind eine *Praxis* der Willensfreiheit, die Freiheit unter der Drogeneinwirkung dagegen ist ein *Konsum* von angenehmen Empfindungen. Unter ihrem fortgesetzten Genuss kann die Freiheit als Praxis kollabieren. Sie macht dann der Abhängigkeit Platz und der Herrschaft des Wiederholungszwanges. Selbst in diesem liegt anfänglich noch etwas wie ein Spielelement und damit ein Moment der Freiheit, durch das er sich selber verstärkt, auch jenseits der Stoffe. Mit deren Wirkung zusammen treibt er zum Punkt ohne Umkehr, der die *Unfähigkeit zur Freiheit* markiert. Sie ist die basale Krankheit des Süchtigen, der andere Krankheiten erwachsen: somatische, psychische und soziale. Sie münden im Grenzfall in den Ruin des Körpers, in die soziale Verwahrlosung und in ein schweres seelisches Elend, das den Zerfallsprozess der ganzen Persönlichkeit wie in einem Strudel akzeleriert. Nach einer Phase des Treibenlassens reagiert die Gesellschaft meist unkoordiniert, bald durch Kriminalisierung, bald durch moralisierende Ächtung, bald durch ein Angebot der Therapie oder durch Nötigung zu ihr.

Zu den kulturspezifischen Eigenheiten gehört, dass wir die Hardware-Süchtigen und -Süchte ganz unterschiedlich tolerieren. Wir leben im gesellschaftlichen Einverständnis mit den Drogen Alkohol und Nikotin, sowie den Medikamenten, die Abhängigkeit erzeugen. Wir halten dabei die Unabhängigkeit für die selbstverständliche Norm und die Abhängigkeit für die seltene Ausnahme. Wir respektieren eine Freiheit zum Konsum von einem gewissen Lebensalter an und wir beurteilen die Anzeichen und die Resultate der Süchte nachsichtig.

Dagegen haben wir eine merkwürdige Unduldsamkeit

gegen, wie wir sagen, „*Rauschgifte*" und Rauschgift-Abhängige entwickelt. Wer Opiate (dazu gehört Heroin), Cannabis (dazu gehören Haschisch und Marihuana) oder Kokain einnimmt, hat eine Toleranzgrenze überschritten. Dass er schneller abhängig wird als ein Trinker oder Raucher, macht ihn nicht etwa zum Gegenstand der erhöhten Sorge und Pflege, sondern einer zusätzlichen Verachtung. Diese Haltung entbehrt jeglicher Schadenslogik. Es ist allgemein anerkannt, dass Alkohol, Nikotin und Medikamenten-Abhängigkeit gesamtgesellschaftlich weit mehr Unhreil anrichten als die anderen Drogen: medizinisch, sozial und ökonomisch. Wir sind trotzdem nicht bereit, dem gesellschaftlich kleineren Übel die gleichen Freiheiten einzuräumen wie dem grösseren.

Was verbirgt sich dahinter? Akzeptieren wir die längst enkultivierten Süchte leichter als die angeblich kulturfremden? Haben wir die möglichen grausamen Einzelschicksale der Drogenabhängigen vor Augen? Aber auch der Zerfall eines Alkoholikers kann schlechthin entwürdigend sein. Fürchten wir einerseits die Rasanz des Abhängigwerdens? Beugen wir uns andrerseits den mächtigen Finanzinteressen der Alkohol-, Tabak- und pharmazeutischen Industrien? Oder wissen wir um die Gefährdungen durch unsere Volks-Süchte und *können* einfach nicht tolerieren, dass, im Zeitalter der synthetischen Drogen, ständig weitere hinzukommen?

Was immer die Gründe sein mögen: im Hinblick auf gewisse „fremde" Drogen respektieren wir kulturell weder eine Freiheit *zur* Droge noch anerkennen wir die Qualität des Freiheitsempfindens *im* Drogenkonsum noch trauen wir der Möglichkeit einer Unabhängigkeit *nach* der Droge – während wir im Hinblick auf die heimischen Drogen all das anerkennen und das Recht auf den Konsum für ein unverzichtbares Gut halten. Man könnte sich mit dieser Zwiespältigkeit abfinden, wenn *ein* Unterschied immer bewusst bliebe: Etwas ist es, die Enkulturation von Stoffen und die Ausbreitung von Süchten abzuwehren, und etwas völlig anderes, kranke Menschen gesellschaftlich zu diskreditieren und in ihren Freiheitsrechten zu beschränken, weil sie an einer gleichsam „fremden" Krankheit leiden. Dafür gibt es keinen vernünftigen Grund.

Die Folge der kulturistischen Diskriminierung gewisser Alkaloide war bei uns eine rechtliche Regelung im Betäubungsmittel-Gesetz, die praktisch auf eine absolute Prohibition hinausläuft. Einzig der eigene Konsum „in geringfügigen Mengen" (Art. 19b) ist nicht strafbar, wohl aber alle Voraussetzungen dazu. Ich will auf die brüchige Rechtslogik dieses Gesetzes nicht eingehen, sondern nur auf sein Verhältnis zur Freiheit und die unerwünschten Nebenfolgen:

Das Betäubungsmittel-Gesetz negiert, mit der genannten Ausnahme, jede Freiheit des Nicht-Süchtigen im Umgang mit den Rausch-Drogen; aber es mutet paradoxerweise dem Süchtigen zu, dass er noch fähig zur Freiheit sei. Nur unter dieser Bedingung kann der Konsum in eben *nicht* geringfügigen Mengen für strafbar und der Konsument für strafwürdig erachtet werden. Der Freie soll der Unfreie und der Unfreie der Freie sein: bei Androhung von Strafe! Und was ist das für eine Rechtsordnung, die den aktiven Suizid und den Versuch dazu nicht unter Strafe stellt, aber jenen *passiven* Suizid verbietet, der das Resultat der Drogensucht sein kann? Woher nimmt der Gesetzgeber überhaupt die Legitimation zu seiner Erwartung, dass ich meinen Tod nicht für den Genuss von Drogen in Kauf nehme? Streng genommen wäre es nur seine Aufgabe, zu verhindern, dass ich *andere* schädige, andere in den Strudel meiner Süchte ziehe oder deren Folgen tragen lasse – während es mir überlassen bleiben müsste, was ich, ganz auf mich bezogen, aus meinem Leben mache. Man könnte zwar entgegnen, dass jede Sucht letztlich zulasten der Gesellschaft gehe. Aber so ist es mit allen Krankheiten. Wie immer sie erwachsen oder erworben sein mögen: man sollte Menschen nicht dafür schuldig sprechen, dass sie eine Krankheit haben. Skandalös ist aber schon die Unterstellung, dass jeder, der Drogen nimmt, krank oder kriminell sei. Eine Drogen-Kultur ist eine andere Art zu leben: anders vielleicht nur in einem kleinen Bereich des Konsums. Wenn der Gesetzgeber diesen zum Focus der bürgerlichen Existenz macht, handelt er eigentlich wie ein Süchtiger.

Die Prohibition hat ohnehin zuviele unerwünschte Nebenfolgen: Sie ist für manchen eher ein Konsumanreiz, weil sie eine Aura des Geheimnisvollen um die Drogen ausbreitet. Sie verhindert systematisch jede Drogen-Kultur. Sie gibt den Handel, der ja doch nicht zu unterbinden ist, in die Hände professioneller Gangster und treibt die Preise in unerschwingliche Höhen. Das letzte Opfer ist wiederum der Kranke, der am Ende der kriminellen Transaktionen selber kriminell werden muss, um seine Lebenskosten noch finanzieren zu können. Der einzige Ausweg ist meist die Prostitution, die im Drogenmilieu zu einer Quelle der Verbreitung von Aids geworden ist. Spätestens durch diese Verknüpfung von Sucht, Prostitution und Aids hätten, im Interesse der gesamten Bevölkerung, das Recht und seine Praxis fundamental reformiert werden müssen. Ein geradezu fanatischer Wille zur Prohibition im Recht, nicht mehr in der Praxis, war bisher stärker als alle Vernunft. Das lässt vermuten, dass es dem Gesetzgeber letztlich nicht um die Volksgesundheit geht, sondern um die Durchsetzung diffuser Wertvorstellungen, zu denen es eben gehört, dass man sein Leben ohne weiteres für das Besteigen einer Bergwand oder das Befahren einer Strasse riskieren darf, aber nicht für den Konsum von Drogen.

Diese Gesetzeslage muss alle, die den Kranken helfen wollen, unausweichlich in Konflikte bringen, weil der Staat den Willen des Nicht-Süchtigen nicht respektiert und den Süchtigen nicht wirklich als Kranken ernst nimmt, und weil der Süchtige den staatlichen Erwartungen in seiner Krankheit nicht genügen *kann.* Der Konflikt wäre vielleicht durch eine medizinisch kontrollierte Abgabe von Drogen zu lösen, die allmählich – es ist ohne psychiatrische Arbeit nicht möglich – in eine Therapie überführt, falls der Drogenabhängige seine Zustimmung gibt. Aber dagegen verwahrt sich heute noch die Moral der Gesellschaft.

Die gesellschaftliche Form der Moral ist das Moralisieren: man stellt Forderungen an die Allgemeinheit und richtet jeden, der ihnen nicht genügt. Solche Forderungen kennen zwar keine rechtlichen Sanktionen; aber sie haben in der gesellschaftlichen Ächtung und Marginalisierung durchaus ein Instrumentarium der Durchsetzung. Sie sind volksnaher als das Recht und sie legitimieren sich durch eine lange Geltung und eine vermeintliche Evidenz: Man hat es schon immer so gehalten, und es ist offensichtlich richtig so.

In bezug auf die Rauschgiftsüchte lauten solche Forderungen etwa: „Wehret jeglichem Anfang!" – „Du sollst keine Experimente mit Drogen machen!" – „Wer süchtig wird, ist schuld und soll die Folgen selber tragen." – „Du sollst dir nicht mutwillig eine Krankheit zuziehen und auch noch andere damit belasten!" u.a.m.

Das Unerträgliche an diesen Moralismen ist der Hochmut eines selbsternannten Richtertums, für das die Schuldigen immer die anderen und meist auch die Leidenden sind. Gegen sie ist ein neues Bewusstsein zu schaffen: Drogenkonsum kann eine Sucht-Krankheit sein, deren Basis der Freiheitsverlust ist – oder ein alternativer Lebensentwurf, deren Basis ein Entschluss ist. Im ersten Fall müssen wir helfen, *sofern* der Kranke es will; im zweiten Fall müssen wir lernen zu gewähren, *weil* der Gesunde so leben will.

Nachweise

Die Dramaturgie der Angst. – In: „Das Magazin" Nr. 40, 7./8. Oktober 1988, S. 28–38.

Nachdenken über Schweizerhalle. – Unter dem Titel „Von der Risikoakzeptanz zum Widerstand" in: „einspruch" Nr. 1, Februar 1987, S. 52f.

Helvetosklerose. – In: „Berner Zeitung", 25. Mai 1985.

Blick voraus ins Glück. – Widerworte in „Reflexe", Radio DRS 2, Juli 1990.

Kleines Vademecum des Lügens. – Widerworte in „Reflexe", Radio DRS 2, Januar 1989.

Die Schule des Lebens. – Widerworte in „Reflexe", Radio DRS 2, Oktober 1990.

Der Tag der Veteranen. – Widerworte in „Reflexe", Radio DRS 2, Juli 1989.

Anstelle eines Briefes an Frau Kopp. – In: Briefe an Frau Kopp. Eine Publikation der „Aktion Widerstand", Tremona 1987, S. 30f.

Friede ist mehr als Nicht-Krieg. – In: „Tages-Anzeiger", 25. April 1989, S. 11 (gekürzt).

Der rassistische Giftzwerg. – Widerworte in „Reflexe", Radio DRS 2, Dezember 1989.

Der lange Arm aus der Dunkelkammer. – In: „Das Magazin" Nr. 9, 2./3. März 1990, S. 20–24.

Es kommt aufs selbe. – Widerworte in „Reflexe", Radio DRS 2, Dezember 1990.

Welche Schweiz feiern wir? – In allen deutschsprachigen Zeitungen der Sozialdemokratischen Partei, 1. August 1990.

Der Fächer der Utopien. – In: „Basler Zeitung", 13. Oktober 1987, unter dem redaktionellen Titel „Der breite Fächer der Utopien rettet vor Verzweiflung".

Vom Genuss synthetischer Gewalt. – In: „Basler Zeitung", 4. Oktober 1985.

Die Enttäuschung auf den Fersen der Flucht. – Widerworte in „Reflexe", Radio DRS 2, Oktober 1989.

Die Einheit der Träume. – Widerworte in „Reflexe", Radio DRS 2, August 1990.

Glaubensverbrecher. – Widerworte in „Reflexe", Radio DRS 2, Juli 1988.

Salman Rushdie und wir. – Widerworte in „Reflexe", Radio DRS 2, März 1989.

Zum Beispiel Glarus. – Ansprache anlässlich der Feier für Werner Wiedenmeier im August 1989. Unter dem Titel „Ironie und Herrschaft abgedruckt in: „einspruch" Nr. 18, Dezember 1989, S. 11f.

Die Meinungsfreiheit ist unbegrenzt. – Unter dem redaktionellen Titel „Meinungsfreiheit: Die Chance zum Korrektiv" erschienen in: „Tages-Anzeiger", 23. Juni 1986.

Nur geredet? Nur gedacht? – Widerworte in „Reflexe", Radio DRS 2, August 1989 (überarbeitet).

Künstliche Insemination. – Widerworte in „Reflexe", Radio DRS 2, Juni 1989.

Die leise Katastrophe. – Widerworte in „Reflexe", Radio DRS 2, Juni 1988.

Die erschöpfbare Unerschöpflichkeit. – Widerworte in „Reflexe", Radio DRS 2, Oktober 1988.

„Für Frieden in Gerechtigkeit und die Bewahrung der Schöpfung". – Widerworte in „Reflexe", Radio DRS 2, Mai 1989.

Reden über Aids. – In: „Zeitschrift für Evangelische Ethik" Jg. 32/1988, Heft 3, S. 172–177 (erweitert).

Sucht und Freiheit. – Referat, gehalten an der Dreiländertagung der Dozentinnen und Dozenten der Schulen für soziale Arbeit am 18./19. Mai 1988 in Basel. Abgedruckt in: „Sozialarbeit" 9, September 1988, S. 8–12.